Joachim Engl/Franz Thurmaier

Wie redest du mit mir?

HERDER spektrum

Band 4887

Das Buch

Das Geheimnis glücklicher Paare ist das gelungene Gespräch. Mißverständnisse, Enttäuschungen und Vorwürfe kommen zwar in „den besten Familien“ vor, doch ließe sich manch unnötiger Streit mildern, abkürzen oder ganz vermeiden, wenn einige einfache Kommunikationsregeln Beachtung fänden. In diesem Buch bekommt der Leser ein praxisorientiertes, partnerschaftliches Modell für Gesprächsverhalten dargeboten, das von anerkannten Fachleuten auf der Basis des weltweit größten Forschungsprogramms in Partnerschafts- und Kommunikationstherapie entwickelt worden ist. In vielen Kursen haben sich diese Erkenntnisse bereits bewährt. Paare, die nach diesen „Spielregeln“ ihre Konflikte und unterschiedlichen Bedürfnisse zu regeln versuchen, sind nachweislich zufriedener in ihrer Beziehung. Die Leser lernen anhand dieses Buches, wie man Gefühle und Wünsche ausdrückt, statt Vorwürfe macht, sich klar mitteilt und offen zuhört, wodurch es gelingt, Probleme und Unterschiedlichkeiten in konstruktiver Weise zu lösen. Wo die Partner ihre Gefühle offenlegen, einander aktiv zuhören und sich positive Rückmeldung geben und auch negativen Gefühlen Raum geben, haben sie gute Aussichten, eine befriedigende Partnerschaft zu führen. Das hierfür entwickelte Kommunikationsmodell (EPL = ein partnerschaftliches Lernprogramm) läßt sich relativ leicht erlernen. Das Buch ist allgemeinverständlich geschrieben und wendet sich an alle, die das Gelingen ihres partnerschaftlichen Zusammenlebens nicht dem reinen Zufall überlassen, sondern es bewußt gestalten möchten.

Die Autoren

Dr. Joachim Engl und Dr. Franz Thurmaier, Diplompsychologen, Eheberater und Leiter des EPL-Projekts, arbeiten in Forschung, Therapie und Beratung am Münchener „Institut für Forschung und Ausbildung in Kommunikationstherapie“.

Joachim Engl/Franz Thurmaier

Wie redest du mit mir?

Fehler und Möglichkeiten in der Paarkommunikation

Herder

Freiburg · Basel · Wien

Für Jeanette und Haide

Neben den vielen Kolleginnen und Kollegen,
die mit uns zusammen das Projekt „EPL“ auf die Beine
gestellt haben, gebührt unser besonderer Dank
den zahlreichen Paaren, die bisher EPL-Kurse besucht haben.
Ohne sie hätten wir nicht die Erfahrungen sammeln können,
die diesem Buch zugrundeliegen.

Gedruckt auf umweltfreundlichem,
chlorfrei gebleichtem Papier

Neuausgabe Verlag Herder 1995

8. Auflage

Herstellung: fgb · freiburger graphische betriebe 2001
www.fgb.de
Umschlaggestaltung und Konzeption:
R·M·E München/Roland Eschlbeck, Liana Tuchel
Umschlagfoto: © Image Bank
ISBN 3-451-04887-6

Inhalt

Vorwort der Autoren

Daß Partnerschaften zu einem großen Teil in und von Gesprächen leben, ist vielleicht die wichtigste Erkenntnis, die sich im psychologischen Allgemeingut niedergeschlagen hat. Auch das Wissen darum, daß es unterschiedliche Gesprächsstile gibt, die der Zweierbeziehung sehr nützen, aber auch sehr schaden können, ist mittlerweile weit verbreitet.

Vertreter der unterschiedlichsten psychologischen Schulrichtungen sind sich darüber einig: »Ein Paar, das nicht miteinander spricht, verlernt sich kennen« (vgl. Moeller, 1988), es verliert gewissermaßen die Beziehung zu seiner Beziehung.

Diese Thematik wird in zahlreichen Publikationen immer wieder aufgegriffen. Es wird versucht, die Hintergründe für Mißverständnisse, Streitigkeiten oder gar Sprachlosigkeit in der Beziehung zwischen Mann und Frau aufzudecken, um diese Phänomene für den Leser plausibel zu machen. Manche Veröffentlichungen gehen noch einen Schritt weiter und machen Mut, sich auf konstruktive Alternativen in der Kommunikation einzulassen. Allerdings werden diese meist nur vage vorgestellt.

Ganz bewußt unternahmen wir in unserem Buch keine weitschweifigen Ausflüge in abstrakte Theorien, die bisweilen ausgesprochen einleuchtend klingen, den Betroffenen in ihrer momentanen Paarsituation aber keine konkreten Hilfsmöglichkeiten anzubieten vermögen, außer einer ungefähren Erklärung, warum diese Situation eben so ist, wie sie ist.

Miteinander Sprechen – aber wie?

Oft spüren Paare nur undeutlich, daß ein Gespräch gelungen oder mißlungen ist. Wir unternehmen den Versuch, einmal ganz genau zu beschreiben, woran Kommunikationsfehler und Kommunikationsregeln erkennbar sind, wie beides im Gespräch zum Ausdruck kommt. Das heißt, es geht uns nicht nur darum, darzulegen, daß z. B. Vorwürfe negative Auswirkungen haben können, sondern diese auch in unterschiedlichsten Formen konkret auf ihre Struktur und ihre Konsequenzen hin zu beschreiben. Unser Ziel ist dabei, daß für Sie als Leser nachvollziehbar wird, welche Weichenstellungen für den weiteren Verlauf eines Gespräches oft schon in einer einzigen Redewendung stecken können.

Dazu gehört natürlich auch, daß wir Ihnen ebenso konkrete Möglichkeiten und Chancen der partnerschaftlichen Kommunikation vorstellen.

Wenn Kommunikation so wichtig ist und dies von vielen Paaren auch noch eingesehen wird, warum kommt es dann trotzdem zu so vielen beziehungsstörenden oder sogar zerstörenden Kommunikationsfehlern?

Ganz einfach: Weil Kommunikation *nicht* ganz einfach ist – sondern im Gegenteil höchst komplex. Nehmen sie als Beispiel den Buchtitel »Wie redest du mit mir?« Je nach Betonung beim Aussprechen und je nach Interpretation beim Zuhören kann daraus eine ehrlich gemeinte Frage, eine indirekte Aufforderung zum Anders-miteinander-Umgehen oder ein indirekter Vorwurf werden. Es lohnt sich also, Paargespräche einmal genau unter die Lupe zu nehmen.

Sie: *Findest du nicht, daß Männer Kommunikation nur zur Akzentuierung ihres Statusdenkens mißbrauchen?*

Er: *Ich sage dir, es wird Zeit, daß wir Männer endlich aufhören, uns gegen die billigen Anfeindungen von schreibenden Sandkastenemanzen zu rechtfertigen. SCHLUSS DAMIT! Lies lieber mal das grundlegende Werk »Wenn Frauen zu sehr sticheln« oder so ähnlich.*

Eröffnung

»Viktoor?«

»Was ist, Viktoria?«

»Hier steht, daß Männer und Frauen immer aneinander vorbeireden, weil Männer Kommunikation nur zur Akzentuierung ihres Statusdenkens mißbrauchen. Interessant, nicht wahr?«

»Wenn du meinst, Liebes . . .« *(Viktor gähnt ein wenig, blättert in dem Beziehungsratgeber, in den er selbst gerade vertieft war.)*

»Ich möchte, daß du dazu Stellung beziehst *(leicht aufbrausend)*. Du bist doch schließlich selbst ein Mann, oder?!«

»Heilige Makrele! Jetzt geht es also wieder los. Ich soll Stellung nehmen, ob ich ein Mann bin – das darf doch wohl nicht wahr sein. Ich sage dir, es wird Zeit, daß wir Männer endlich aufhören, uns gegen die billigen Anfeindungen von schreibenden Sandkastenemanzen zu rechtfertigen. Schluß damit! Lies lieber mal das grundlegende Werk *»Wenn Frauen zu sehr sticheln«* oder so ähnlich. Und der Dingsbums hat auch ganz recht in seinem *»Männer sind vom Mars, Frauen hinterm Mond«*.

»So etwas liest du also gerade! Daß du jetzt dein männliches Selbstwertgefühl schon durch die Ergüsse eines solch niveaulosen Chauvies aufpolieren mußt, macht mich sehr betroffen.«

»Ich denke, es macht mich noch betroffener, wenn ich sehe, wie du permanent den feministischen Einflüsterungen frustrierter und gestörter Frauen erliegst. Und weißt du, was deren einziges Ziel ist? Daß alle ihre Leserinnen ihre nichtsahnenden Männer anfeinden und am

Ende genauso frustriert und gestörter dastehen. Ist es das, was du willst?«

»*Wie redest du überhaupt mit mir?!* Deine Antwort zeigt mir leider schon wieder mal, daß man gar nicht genug über typisch männliche Kommunikation schreiben kann. Es liegt doch auf der Hand: *Du willst mich einfach nicht verstehen!* Du bist interaktional gesehen auf dem falschen Dampfer. Ich habe manchmal den Eindruck, Viktor, du bist überhaupt nicht an einer intensiven Auseinandersetzung interessiert.«

»Den Eindruck habe ich bei dir leider auch.«

»Ich bin immer daran interessiert – aber nicht so.«

»Wie denn dann?«

So nicht, aber wie denn dann? Aus diesem etwas überspitzten Dialog eines nicht real existierenden Paares wurde zumindest eines deutlich: Das Lesen einschlägiger Psycholiteratur führt nicht unbedingt dazu, die mitunter darin formulierten Ziele zu erreichen, vor allem wenn die Aussagen des Buches dazu verwendet werden, daß nicht ich, sondern mein Partner sich ändern soll.

Sie haben aber gerade (und vielleicht schon wieder) so ein Buch in die Hand genommen. Was erwarten Sie sich?

Den Kommunikationsfehlern anderer oder Ihren eigenen auf die Schliche zu kommen?

Mehr Aufschluß über die Kommunikation in Ihrer eigenen Partnerschaft?

Eine Anregung für intensivere Gespräche zu zweit?

Dies alles können Sie – wenn es nach uns geht – gerne erwarten. Aber bitte denken Sie daran, lesen läßt sich gut allein, gute Gespräche führen nur mindestens zu zweit.

Wir möchten Sie mit diesem Buch aufmerksam machen, auf Tücken und Fehlermöglichkeiten in Paargesprächen, die häufig unbeabsichtigt entstehen und zu Mißverständnissen und Mißstimmigkeiten bei beiden Beteiligten führen. Wie schon angedeutet, stellen wir Ihnen einige positive Alternativen für die partnerschaftliche Kommunikation vor und versuchen ein wenig zu beschreiben, welche Möglichkeiten das präventive Gesprächstraining EPL (Ein Partnerschaftliches Lernprogramm) bieten kann.

Im ersten Abschnitt versuchen wir Sie mit negativen Interaktionsmustern und deren Folgen vertraut zu machen, um Sie für Fehler in ihrer eigenen Kommunikation zu sensibilisieren. Denn nur wer seine Gesprächsfehler erkennt, kann sie – wenn er will – auch rechtzeitig korrigieren oder sich zumindest im nachhinein schneller und leichter beim verletzten Partner entschuldigen.

Wie alle Menschen verfügen auch wir über unsere eigenen Lieblingsfehler in der Kommunikation. Bei uns sind das vor allem Ironie und Sarkasmus, mit denen wir uns gerne zur Wehr setzen. Falls Ihnen also die eine oder andere Formulierung in diesem Buch zu ironisch oder sogar sarkastisch erscheint, möchten wir Sie dafür schon jetzt um Entschuldigung bitten.

Im zweiten Abschnitt bieten wir Ihnen ein wenig theoretischen Hintergrund an, ordnen die häufigsten Kommunikationsfehler ein und leiten daraus in einem weiteren Schritt die wichtigsten Kommunikationsregeln ab.

Im dritten Abschnitt stellen wir ihnen das Projekt EPL (Ehevorbereitung – Ein Partnerschaftliches Lernprogramm) vor, ein Kommunikationstraining für junge Paare.

Im vierten Abschnitt versuchen wir Ihnen einen kleinen Einblick zu geben, wie EPL-Kurse aussehen können. Dazu stellen wir Ihnen drei hoffentlich liebenswerte Paare vor, die wir uns aufgrund der Erfahrungen mit vielen echten Kurspaaren »ausphantasiert« haben. Anhand einzelner Kurseinheiten schildern wir, welche Weiterentwicklungen ihrer Beziehung sich für unsere drei Paare auftun können.

1. Grundmuster und Konsequenzen mißlungener Paarkommunikation

Wir sind davon überzeugt, daß es geradezu eine Unzahl von Fehlermöglichkeiten in der partnerschaftlichen Kommunikation gibt, die bereits vor oder auch während der Partnerschaft gelernt und zur Gewohnheit werden. Sie führen letztlich zu mehr Vertrautheit mit dem eigenen ungünstigen Interaktionsverhalten als mit dem Partner.

Die unserer Meinung nach häufigsten Grundmuster erfolglosen Umgangs mit Konflikten möchten wir Ihnen in diesem Kapitel vorstellen und auch die entsprechenden Konsequenzen für die Partnerschaft beschreiben.

1.1 Die ersten Konflikte: vertraute, verfehlte Lösungsversuche

1.1.1 Verdrängen, totschweigen, unter den Teppich kehren, der Harmonie zuliebe?

Stellen Sie sich vor, Sie sind frisch verliebt, spüren die berühmten Schmetterlinge im Bauch und sind mit Ihrem Schwarm zu einem Kinobesuch verabredet. Sie kommen zum fest vereinbarten Zeitpunkt an die fest vereinbarte Stelle und stellen »noch fester«, daß Sie vorerst zuerst da sind. Macht nichts. Es herrscht großer Andrang an der Kasse, und Sie beschließen, schon einmal die Karten zu besorgen.

Die Minuten rinnen dahin, die Massen strömen hinein, so wie es auch in Strömen regnet. Macht nichts, Sie haben ja einen Schirm, andererseits aber immer noch keinen

Schirmherrn bzw. keine Schirmdame, und die besten Plätze sind jetzt wohl auch schon alle belegt.

Nach 10 Minuten: Er/sie wird wohl keinen Parkplatz finden. Ist er/sie im Verkehr steckengeblieben? Ist er/sie das da vorne nicht?

Hinlaufen, Antippen, Fehlanzeige.

Nach 20 Minuten: Er/sie hat die Verabredung doch nicht vergessen? Haben Sie selbst vielleicht die Zeit verwechselt? Ist ihm/ihr gar etwas zugestoßen?

Endlich. Er/sie kommt. Zweifellos und ganz gemächlich. Sie merken, wie Ihnen ein Stein vom Herzen fällt. Sie spüren Erleichterung und Freude, als Sie sich innig begrüßen und tropfnaß in der übriggebliebenen Wendehals-Genickstarre-Loge Platz nehmen. Er/sie murmelt etwas von »ich mußte noch solange mit meiner Mutter telefonieren«, aber Sie sagen nichts. Hauptsache, er/sie ist bei Ihnen. Alles andere ist doch egal. Vorläufig.

Keine Frage, auch wenn Sie sich wirklich so verhalten hätten, es wäre wohl völlig normal. Menschen, die verliebt sind, wollen sich dieses Gefühl nicht so schnell nehmen lassen. Die Devise lautet, miteinander Einssein, der Harmonie frönen und den anderen im bestmöglichen Licht sehen. Kleinere Unstimmigkeiten, subtile oder auch recht deutliche Hinweise, daß der andere Merkmale oder Verhaltensweisen zeigt, die einem selbst Schwierigkeiten bereiten würden, fallen erst einmal der selektiven Wahrnehmung (ich bemerke nur, was ich bemerken will) oder der Reduktion kognitiver Dissonanzen (Wahrnehmungen werden »geeignet« interpretiert) zum Opfer.

So ein konfliktscheuendes Verhalten hat möglicherweise auch in der allerersten Phase einer Beziehung einen Sinn. Es stabilisiert Glücksgefühle, man kann füreinander schwärmen. Unzulänglichkeiten, unterschiedliche Bedürfnisse und Auseinandersetzungen tauchen noch früh genug auf. Eine Phase der frischen Verliebtheit heilt auch scheinbar alle vorher erlittene Unbill des Lebens.

Alles schön und gut? Bis jetzt vielleicht schon noch. Nun soll es jedoch auch Menschen geben, die grundsätzlich lieber nichts sagen, wenn ihre Bedürfnisse vom Partner nicht erfüllt werden, die grundsätzlich lieber nachgeben, die ihre Wünsche selten mitteilen oder diese, sofern sie von denen des Partners abweichen, schon gar nicht mehr bewußt wahrnehmen. Diesen Menschen geht die Aufrechterhaltung der Harmonie über alles, auch wenn sie vielleicht schon lange nicht mehr wirklich verliebt sind. Für sie steht womöglich gleich die ganze Beziehung auf dem Spiel, wenn es zu einer echten Auseinandersetzung kommen sollte. Lieber einstecken als allein dastehen – lieber nichts sagen als etwas, was eigentlich auch nie gelernt wurde.

Verdrängen, totschweigen, unter den Teppich kehren ... wie kommt man (frau) dazu?

Jedes Baby schreit, wenn ihm etwas nicht paßt. Es meldet vehement all seine Bedürfnisse an. Mit der Zeit mehr und mehr differenziert und mehr und mehr Ansprüche stellend (für alle meine Bedürfnisse sorgen meine Eltern, das muß ich noch nicht selbst tun). Zunehmend wird das heranwachsende Kleinkind mit der erschütternden Erkenntnis der Realität konfrontiert: Die Eltern sorgen nicht immer für meine Bedürfnisse. Ich habe immer mehr Wünsche, und ich muß auf immer mehr verzichten.

Ein Kind erprobt nun im Verlauf seiner Entwicklung Strategien, die Menschen seiner Umgebung dazu zu bewegen, seine Wünsche zu erfüllen. Und nun hängt es ganz davon ab, wie diese Menschen, und das sind in der Regel und in erster Linie die Eltern, mit den kindlichen Wunschäußerungen umgehen.

Eltern, die ihren Kindern den Eindruck vermitteln, deren direkt geäußerte Wünsche nicht besonders ernst zu nehmen oder, wenn ihr Zögling es wagt, seinen eigenen Willen zu zeigen, ihm ihre Zuneigung entziehen, produzieren eine ganz bestimmte Erfahrung: »Es ist nicht gut, etwas anderes zu wollen als meine Bezugspersonen, das kann wohl auch gar nicht so wichtig sein. Darum ist es besser, den Mund zu halten, sonst hat man mich gleich nicht mehr lieb. Ich will ein braves Kind sein.«

Diese Erfahrung wird unterstützt durch das Nachahmen von Identifikationsfiguren des gleichen Geschlechts, die diese angepaßten Verhaltensweisen vorführen. Klassischer Fall: Der Vater als Ernährer und Feierabendpascha, die Mutter als fürsorgliche Instanz, die selbst relativ bedürfnislos das Familienleben annehmlich und so konfliktfrei wie möglich gestaltet und mehr oder weniger unbewußt dieses Rollenmuster auch für ihre Tochter vorgesehen hat. Das deutliche Anmelden kindlicher Anliegen überfordert sie und wird eher unterdrückt. Lautstarke Auseinandersetzungen in der Familie, sofern sie überhaupt vorkommen, schaukeln sich leicht hoch und verlaufen bedrohlich. Sie enden nie konstruktiv.

Bei einer solchen oder ähnlichen Vorgeschichte überrascht es nicht, wenn Menschen auch als erwachsene Partner dieses Strickmuster der Konfliktvermeidung um jeden Preis in die eigene Beziehung übertragen. Warum auch nicht? Sie kennen ja nichts Besseres, und letztlich führt Streit nur zu unerträglicher Disharmonie und womöglich zu Trennung. Und das wäre wohl das Schlimmste, was ihnen passieren könnte: Verlassen zu werden, weil sie zuviel gefordert haben. Und wer weiß, ob sie jemals wieder einen finden, der bei ihnen bleibt, bei all ihren Unsicherheiten und vermuteten Unzulänglichkeiten ...

Zweifellos gibt es viel zuviele Männer und Frauen, die irgendwann gar nicht mehr bewußt wahrnehmen, was sie sich wünschen oder was sie ängstigt, wütend oder traurig macht. Diese reagieren mit neurotischen Verhalten oder psychosomatischen Symptomen auf unerfüllte Bedürfnisse. Diejenigen, die noch spüren, was sie von ihren Partnern wollen und was nicht, aber es sich nur nicht direkt zu sagen trauen, haben noch ein Hintertürchen offen:

Ersatzstrategie 1: Die indirekte Wunschäußerung

Mit dem deutlichen Ausdrücken von Wünschen und Begehren ist bei einer entsprechenden Lerngeschichte vermutlich immer das Risiko des Liebesverlustes verbunden. Hin und wieder wird einem diese »Schwäche« dumpf oder auch deutlich bewußt. Vor allem wenn andere Leute ihrem Partner sagen »was Sache ist« und damit auch noch Erfolg haben. »Mein Gott, warum kann ich denn nicht auch mal so den Mund aufmachen . . .«, könnte es einen dann durchfahren.

Mit der Zeit haben solche Schwächen die Tendenz, zu Stärken umgedeutet zu werden, man will ja nicht ständig mit unbewältigten Defiziten in der Welt herumlaufen, und so versucht man, seinem gewohnten Verhalten auch gute Seiten abzugewinnen. Z. B.: »Eigentlich bin ich ein bescheidener, hilfsbereiter Mensch, der eben nicht immer nur an sich denkt.« Oder: »Irgendwann wird es mein Partner schon sehr zu schätzen wissen, wenn ich ihn nicht dauernd mit meinen Wünschen behellige.«

Es werden Ersatzstrategien entwickelt, um Kompromisse zu finden zwischen den inneren Widerständen, Wünsche direkt zu äußern, und der Notwendigkeit, dieselben zumindest hin und wieder erfüllt zu bekommen. Manche werden im Laufe der Zeit geradezu kapriziös kultiviert. Auf höchst indirekte Weise wird dann z. B. versucht, dem Partner einen Wink zu geben. Ob dieser ihn registriert und auch noch richtig deutet, ist dann manchmal nur dem Spiel des Zufalls überlassen. Dazu ein kleines Beispiel:

Szene im Restaurant: »Ach wie schön, daß es noch Rosenverkäufer gibt, ob die wohl überhaupt davon leben können?«

»Ich glaub' kaum. Vielleicht wenn sie zusätzlich ihr Angebot erweitern, z. B. auch mal Zigarren verkaufen würden.«

»Zigarren find ich blöd. Die stinken doch nur.«

»Das stimmt doch gar nicht . . .«

Falls hier jemand gerne Rosen geschenkt bekommen hätte, so ist dies in dem kleinen Beispiel jedenfalls gründlich mißlungen. Beim Partner kam bestenfalls nur der Inhaltsaspekt der Aussage an (ob Rosenverkäufer genug verdienen). Letzteres greift der wiederum auf, um vermutlich seinerseits einen Wunsch gut zu verstecken, nämlich jetzt eine Zigarre zu rauchen. Dieser Wunsch darf natürlich von der anderen Seite gar nicht beachtet werden, solange es keine Rosen gibt.

Nächster Versuch: »Siehst du den Rosenverkäufer da vorne?« – »Ja, was ist mit ihm?« – »Da sitzen hundert Leute im Restaurant und noch kein einziger hat ihm etwas abgekauft. Es gibt halt keine Kavaliere mehr.« – »Ja, ja, wir echten Gentlemänner werden immer weniger.« Dabei steht er auf und kauft gleich fünf Rosen.

Glück gehabt. Sie hat ihn bei seinem Selbstverständnis als galanter Mann erwischt, ohne ihn in die Enge zu treiben. Das Stichwort »keine Kavaliere mehr« war für ihn in diesem Moment sozusagen der Wink mit dem Zaunpfahl. Für jemand anderen nicht unbedingt. Auch folgende Antwort wäre denkbar gewesen:

»Die Männer wissen eben, was sich gehört. Man kauft einer Dame in der Öffentlichkeit keine billigen Rosen. Damit stellt man sie doch nachgerade bloß.«

Kurz gesagt: Eine indirekte Ausdrucksweise, ein leiser oder auch ein völlig versteckter Wink werden immer wieder gerne eingesetzt, selbst wenn sich nur selten das gewünschte Resultat einstellt. Übertrieben formuliert gleicht dieses Verhalten einem Lottospieler, der hin und wieder einen Dreier landet und sich dadurch bestätigt fühlt, weiterzuspielen.

Was gibt es für Alternativen, solch einen Wunsch auszudrücken?

»Bitte kaufe mir ein paar Rosen!« (?) Die Rosen würden Sie höchstwahrscheinlich prompt bekommen. Ob Sie sich dann auch genauso darüber freuen könnten, als wenn Ihr

Partner Ihnen die Rosen spontan geschenkt hätte, ist wiederum nicht so wahrscheinlich. Warum eigentlich?

Ganz einfach: Es ist nicht egal, *wie* Sie ihre Wünsche erfüllt bekommen. Das WIE selbst ist sozusagen ein wichtiger Teil des Wunsches und meist sogar der wichtigste. Das heißt, letztlich geht es in dem kleinen Beispiel gar nicht so sehr um Rosen als um das Gefühl, begehrt, umworben und verehrt zu werden.

Für die Dame im Lokal wäre die direkte Bitte, ein paar Rosen geschenkt zu bekommen, womöglich eine stachelige Angelegenheit für ihr Selbstwertgefühl. Sie könnte sich denken: »Wenn mir mein Partner erst meine Wünsche erfüllt, wenn ich es ihm sage, er also nicht von selbst daraufkommt, sind sie für mich nichts mehr wert.« Andererseits werden heimliche Wünsche unheimlich selten erfüllt.

Was kann Sie also tun, um diesem Konflikt zwischen dem eigenen Stolz und der Notwendigkeit, ihrem Partner ihre Wünsche irgendwie mitteilen zu können, zu entgehen?

Sie sollte Ihrem Partner ihre eigentlichen Wünsche mitteilen (»Ach, weißt du, ich möchte mich öfter begehrt und umworben fühlen . . .«), eventuell dabei auch Befürchtungen ansprechen (»Ich hab' Angst, daß ich irgendwann wie selbstverständlich zu deinem Leben gehöre und du dich nicht mehr so sehr um mich als Frau bemühst . . .«) und ihrem Partner konkrete Hinweise geben, auf welche Weise er ihrem Verlangen entgegenkommen kann (»Ich mag es sehr, wenn du mir Rosen schenkst. Solche kleine Aufmerksamkeiten tun mir gut, weil . . .«).

Auf diese Art können dem Partner die eigenen Erwartungen offen mitgeteilt werden, ohne daß diesem der Entscheidungssspielraum, wie er darauf eingeht, genommen wird. Statt dessen weiß er jetzt auch, warum scheinbar belanglose Kleinigkeiten so wichtig sein können, und kommt auch eher ganz allein auf die Idee, diesen Erwartungen zu entsprechen.

Ersatzstrategie 2:

Unangenehme Gefühle schlucken statt äußern

Nehmen wir an, ein junges Paar, nennen wir sie Paul und Johanna, fahren zum erstenmal gemeinsam in die Ferien. Beide haben noch bis kurz vor Antritt der Reise gearbeitet und in aller Eile ihre sieben Sachen gepackt. Mühsam versucht man, so etwas wie Urlaubsstimmung aufkommen zu lassen und quält sich erst im Stau und dann unter zunehmender Hitze auf Landstraßen in südliche Gefilde. Das kleine Kraftfahrzeug entpuppt sich mehr und mehr als aufsehenerregender Rennwagen, wenn auch nur durch seine beeindruckend dröhnende Geräuschkulisse. Mitten auf der Landstraße fällt der Auspuff ab – zwar eine Erleichterung für den kleinen Wagen, aber nicht für das Paar.

Johanna entfährt nach dem ersten Schock ein »Auch das noch! Warum hast du diese elende Karre nicht vorher in die Inspektion gegeben, statt immer selber rumzubasteln. Jetzt sitzen wir ja schön in der Tinte.«

Paul murmelt etwas von teuren Werkstätten, und so was hätte ja keiner wissen können.

»Wie kannst du nur mit so einem unzuverlässigen Fahrzeug losfahren, so etwas kann ja lebensgefährlich sein, das nenne ich einfach unverantwortlich!«

»Es ist doch nur der Auspuff. Das werde ich schon wieder in die Reihe kriegen.«

»Jetzt laß dir mal was einfallen, mein Lieber! Ich will hier endlich raus aus dem Schlamassel.«

»Es ist ja gut, ich tu, was ich kann. Du mußt dich nicht so aufregen.«

Paul windet sich – unter den Wagen – und versucht das lose Auspuffteil mit Draht zu befestigen.

»Kannst du mir mal alle verfügbaren Stullen runtergeben, Johanna?«

»Was willst du denn jetzt bloß damit? Ich finde, zum Pause machen ist es für dich ja wohl noch ein bißchen zu früh.«

»Ich brauch' das Silberpapier zum Abdichten.«

»Mit Silberpapier! Du glaubst doch nicht im Ernst, daß das hält. Das wird doch ein einziges Pfuschwerk.«

»Ich hab' das schon mal gemacht. Silberpapier ist hitzebeständig.«

»Nein, ich möchte jetzt, daß du einen Abschleppdienst holst. Und dann will ich nach Hause.«

»Ich krieg' das schon hin, du wirst sehen.«

Paul sollte sogar recht behalten. Sein ungewöhnlicher Reparaturversuch wird von Erfolg gekrönt. Der Auspuff hält und ist sogar etwas leiser als vorher.

»Siehst du – mit etwas Geschick und Geduld läßt sich doch vieles lösen.«

Sie: *Wie kannst du nur mit einem so unzuverlässigen Fahrzeug losfahren, so etwas kann ja lebensgefährlich sein, das nenne ich einfach unverantwortlich!*

Er: *Es ist doch nur der Auspuff, du mußt dich nicht so aufregen.*

»Ich glaub nicht, daß du damit weit kommst. Ich seh' uns schon mitten auf der Straße übernachten, weil dein Wagen ein einziger Schrotthaufen ist. Kauf dir doch endlich einen anständigen Untersatz.«

Statt retour geht es erst einmal zum nächsten (überfüllten) Campingplatz, und Paul übt sich im Aufstellen des von ihren Eltern geborgten Zeltes. Das Zelt ist ebenso gut gepflegt wie schwerfällig und eine kostbare Antiquität aus den 50er Jahren. Während sich Pauls Stirn in noch mehr Falten legt als die betagten Zeltwände, jammert Johanna über den Sonnenbrand, den sie sich beim Beaufsichtigen der Auspuffreparatur zugezogen hat.

»Das mit dem Zelten war auch wieder so eine grandiose Idee von dir. Jetzt beeil dich mal mit dem Aufbauen. Ich will jetzt endlich schlafen.«

»Du wolltest es doch auch. Wenn wir erst einmal eine Nacht drin geschlafen haben, wird's dir bestimmt gefallen. Siehst du irgendwo die Firststange? Ohne die kann ich das Zelt nicht aufstellen.«

»Fehlt etwas? Mein Gott, wenn du nicht alle Teile wieder zurückbringst, werden meine Eltern stocksauer sein.«

Die Firststange findet sich doch noch, und die beiden haben zumindest ein dünnes Dach über dem Kopf. Schweigend liegt jeder auf seiner Luftmatratze, und beide grübeln noch etwas über den vergangenen Tag, ehe sie sich nicht einander, sondern lieber dem Schlaf und ihren Träumen hingeben.

Paul denkt sich: »Die blöde Kuh hat mir den ganzen Tag verdorben. Die ganze Zeit war ich am ackern, und sie hat nur gemeckert und genörgelt. Wie ein dummer kleiner Junge bin ich mir vorgekommen. So schlimm war das mit dem Auspuff doch auch wieder nicht. Was kann ich denn dafür? Für jede Kleinigkeit macht sie mich verantwortlich. Und beim Zeltaufbau hat sie mir auch nicht geholfen. Wenn sie mich wirklich lieben würde, könnte sie sich auch anders verhalten . . . aber vielleicht liegt's auch ein bißchen an mir und an der ganzen Situation. Es war ja auch schrecklich heiß heute. Na ja, ich werde wohl wieder mal Geduld haben müssen. Dann legt sich die Spannung von selbst, und sie sieht vielleicht auch ein, daß sie mir unrecht getan hat.«

Johanna blickt Paul kurz an und fragt ihn: »Du machst so ein merkwürdiges Gesicht. Ist irgendwas?«

Paul sagt nach kurzer Pause: »Nein, . . . nichts.«

Paul spürt, daß er traurig wird, und versucht schnell, an den morgigen Tag zu denken. Er nimmt sich vor, ein großes Frühstück zu machen, um bei Johanna wieder für bessere Laune zu sorgen. Er schläft ein und träumt von bellenden Hunden, die das Zelt bedrängen.

Johanna überlegt, ob sie nicht doch etwas zu harsch und zu ungeduldig mit Paul umgegangen ist, schließlich könne das mit der Panne ja jedem passieren. Und eigentlich hat er ja ganz pfiffig improvisiert. Sie konnte es ihm nur nicht mehr sagen, weil ihr so furchtbar heiß war und überhaupt . . . Andererseits fällt ihr ein, daß er auch nichts dagegen geäußert hat, wie immer, wenn sie ihn mal anherrscht. Vielleicht hat er doch ein schlechtes Gewissen, oder es ist ihm völlig egal, was sie sagt. Johanna schläft noch vor Paul ein und träumt davon, wie sie bei kühlem Fahrtwind mit ihrem Paul in einem luxuriösen Cabrio durch die Landschaft gleitet.

Wie hat Paul diesen Konflikt »verarbeitet«, wie ging er mit seinen Gefühlen um?

Paul hatte wohl nicht nur äußerlich einige Streßsituationen zu überstehen. Für sein Selbstwertgefühl dürften die Bemerkungen Johannas geradezu einem kleinen Spießrutenlaufen gleichgekommen sein. Während Johanna lautstark ihrem Ärger Luft machte, hat Paul nicht ein einziges Mal zu der unangenehmen Situation der Autopanne Stellung genommen und zum Beispiel über die schweißtreibende Reparatur geschimpft.

Paul läßt innerhalb kürzester Zeit eine ganze Anzahl von

Bemerkungen über sich ergehen, die geeignet sind, seinen Stolz zu demontieren: Er habe versagt. Er sei an allem schuld. Er sei unverantwortlich. Er sei andererseits verantwortlich – um die Situation unverzüglich zu bereinigen. Er müsse tun, was sie sagt. Sein Erfolg wird nicht gewürdigt, sondern angezweifelt. Er bekommt keine Hilfe und muß alles alleine machen.

Dies alles sind Kränkungen, die auf Dauer auch krank machen können, wenn sie einfach »geschluckt« werden. Pauls einzige Reaktion sind leise Rechtfertigungen und ein merkwürdiges Gesicht. Auf dieses hin angesprochen, sagt er wiederum nichts von dem Unmut und der Enttäuschung, die ihn gerade bewegen. Im Gegenteil, er nimmt sich zuerst vor, mit noch mehr Einsatz (Frühstück) Johannas Unmut zu besänftigen, statt seinen eigenen zu beachten. Paul versucht, noch eher für Johanna Verständnis zu entwickeln als für sich selbst. Seine Konfliktstrategie besteht aus Besänftigen und verstecktem Trotz (es geschieht ihr, die so böse zu mir war, ganz recht, daß ich mir auf den Daumen gehauen habe – und nun nicht für sie arbeiten kann).

Man kann ihm eigentlich nicht böse sein, oder? Johanna ist es trotzdem.

Was bewirkt sein Verhalten bei Johanna?

Pauls fehlende Gefühlsäußerungen zu unangenehmen Situationen lassen bei Johanna leicht die Vermutung entstehen, daß ihm nichts etwas ausmacht und ihm vieles einfach egal ist. Aus Wut über seine scheinbar fehlende Beteiligung wird sie ihn eher noch mehr beschuldigen. Johanna kommt von selbst auf die Idee, falsch mit Paul umgegangen zu sein. Sein besänftigendes Verhalten läßt Johanna ihr eigenes Verhalten kaum weiter überdenken oder gar ändern. Der Druck eines schlechten Gewissens, das unangenehme Selbstbild der schimpfenden Frau können Johanna bisweilen zu schaffen machen. Solange Paul schluckt und besänftigt, wird sie dies ihm gegenüber kaum aussprechen können. Johanna kann sich bei Paul nur entschuldigen und er ihr nur verzeihen, wenn er ihr gegenüber seine Kränkung äußert.

Welches sind die längerfristigen Konsequenzen?
Je häufiger Paul schweigt und einsteckt, desto häufiger und heftiger wird Johanna ihn in Konfliktsituationen angreifen. Paul wird sich durch die vielen kleinen Kränkungen zunehmend beklemmter, hilfloser und unzufriedener in der Beziehung fühlen. Johanna wird durch Paul nicht veranlaßt, ihre demütigenden Angriffe in Streßsituationen zu unterlassen. Sie verschafft ihrem Ärger zwar dadurch Luft, kann aber nicht ihre eigentlichen Gefühle ausdrücken.

Gegenseitiges Verständnis wird so blockiert, und eine zunehmende innere Entfremdung ist vorprogrammiert (s. Kapitel 1.2 und 1.3).

1.1.2 *Vorwürfe statt Klärung oder Schuld statt Gefühl*

Erwin und Petra leben seit kurzer Zeit zusammen. Beide gehen gewöhnlich am Wochenende mit Freunden und Bekannten von Petra aus. Man ißt und trinkt und unterhält sich bevorzugt über Erlebnisse und Begebenheiten im engeren und weiteren Bekanntenkreis. Während Petra dabei rege Beteiligung zeigt, nimmt Erwin eher sporadisch an dieser Art von Konversation teil. Meist drängt er rasch zum Aufbruch, so daß beide als erste die muntere Runde verlassen. Als erneut eine solche Situation auftritt, spricht Petra Erwin auf dem Nachhauseweg an:
»Immer wenn's am schönsten ist, mußt du schon wieder gehen. So früh kann man doch gar nicht müde sein. Sieglinde hat mich sogar neulich darauf angesprochen, ob bei uns irgendetwas nicht in Ordnung sei . . .«

»Jetzt hör mir bloß auf mit deiner Sieglinde. Den ganzen Abend hab ich mir das langweilige Lifestyle-Geschwätz deiner sogenannten besten Freundin anhören müssen. Du

Sie: *Immer, wenn's am schönsten ist, mußt du schon wieder gehen!*

Er: *Jetzt hör bloß auf. Du kannst froh sein, daß ich überhaupt mitgegangen bin!*

kannst froh sein, daß ich überhaupt mitgegangen bin. Mir geht dieser Wochenendtratsch sowieso auf die Nerven.«

»Ach ja? Meinst du, ich finde es interessant, wenn du mit Herbert über die Vorzüge des neuen Mercedes palaverst. Das nenne ich Lifestyle-Geschwätz, wir unterhalten uns wenigstens noch über Menschen, während du dir immer nur ein Pils nach dem anderen reinkippst und zur guten Laune immer weniger beiträgst.«

»Das hält man ja wohl anders gar nicht aus.«

»Wie meinst du das? Meinst du vielleicht, du bist etwas besseres, wenn du den biederen Stubenhocker mimst. Wegen deinem sonderbaren Gebaren in Gesellschaft werden wir bald überhaupt keine Freunde mehr haben.«

»Und wegen dir und deinem ewig gleichen Samstagabendtratsch verpennen wir jeden Sonntag. Man kommt überhaupt nicht mehr dazu, etwas Sinnvolles zu unternehmen. Ich hab's einfach satt. Nächstes mal kannst du allein hingehen.«

»Das werd' ich auch. Vielleicht ist es sogar besser so. Ich kümmere mich eh' viel zu viel um dich. Bleib ruhig zuhause sitzen. Wirst schon sehen, was du davon hast.«

»Ich kann mich zumindest noch mit mir selbst beschäftigen im Gegensatz zu dir. Du brauchst doch immer dein Publikum.«

»Paß bloß auf, daß ich dich irgendwann nicht mehr brauche. Ich finde es unmöglich, wie du dich mir gegenüber benimmst.«

»Das beruht ganz auf Gegenseitigkeit mein Schatz.«

Jeder kennt diese Art der entgleisten Auseinandersetzung von anderen oder aus eigener Erfahrung. Was ist eigentlich passiert? Innerhalb einer einzigen Minute kann ein Streitgespräch dazu führen, daß im Eifer des Gefechts gleich die ganze Beziehung infragegestellt wird. Grund genug, diesen kurzen Dialog einmal genauer zu analysieren:

Am Beginn steht eine für Erwin und Petra bekannte Situation, die von beiden auf unterschiedliche Art und Weise unangenehm erlebt wird – und das vermutlich nicht zum ersten mal.

Petra äußert zuerst ihren Unmut. Wie? Durch einen Vorwurf.

Wie sieht dieser Vorwurf aus?

Sie sagt Erwin, daß er sich immer unmöglich verhält, daß der Grund, den er vorgibt, gar nicht stimmen könne (womit seine Glaubwürdigkeit angezweifelt wird) und daß das auch schon andere bemerkt hätten. Von ihrem eigenen Unmut und ihrer eigenen Enttäuschung erwähnt sie nichts. Damit wird von vornherein der Weg eng für einen konstruktiveren Fortgang des Gesprächs. Was macht Erwin? Er reagiert gereizt und mit noch mehr Schärfe als Petra. Erst einmal wird die von Petra angeführte »Zeugin« seines beklagenswerten Benehmens als langweilige Lifestyleschwätzerin demontiert. Anschließend münzt Erwin Petras Vorwurf um – in einen indirekten Vorwurf seinerseits: Petra solle froh sein, daß er überhaupt dabei war, bei dem Tratsch, den er sich da immer anhören müsse. Damit steuert das Gespräch vollends einer Eskalation entgegen. Petra, die möglicherweise erwartet hatte, Erwin würde sich für sein Verhalten entschuldigen, sieht stattdessen sich und ihre beste Freundin als langweilige Klatschtanten tituliert und gibt dieses »schmeichelhafte Kompliment« in verschärfter Form an Erwin zurück, wobei sie nicht vergißt, noch ein wenig nachzuschüren und ihn indirekt als miesepetrigen Säufer darzustellen. Das Streitgespräch ist nun in offene Kränkungen und Beleidigungen gemündet. Es gilt nun, das Gesicht zu wahren und sich davon bloß nicht getroffen zu zeigen. Dazu gibt es »elegantere« Möglichkeiten, wie Erwin eindrucksvoll demonstriert. Er schwenkt in blanken Zynismus um (»Das hält man ja anders gar nicht aus«), worauf Petra ihn wiederum beleidigt und beschuldigt und düster die Konsequenzen seines Verhaltens übertreibt. Erwin gibt entsprechend zurück. Die unangenehme Spannung des Gesprächs ist kaum mehr zu steigern. Man steuert auf ein Ende der Auseinandersetzung zu, wie auch immer sie aussieht. Dazu bietet sich die negative Scheinlösung an.

Das sind Lösungen, die im Grunde genommen keiner will und die meist den Zweck haben, dem Partner zu zeigen, daß man nicht auf ihn angewiesen ist und die eine weitere Diskussion über das Problem scheinbar überflüssig machen. Eine Reaktion aus verletztem Stolz, ein zweifelhafter Rettungsanker des angeschlagenen Selbstwertgefühls, meist in der schwachen Hoffnung geäußert, der andere möge doch jetzt endlich über die Folgen erschrecken und einlenken. Bei Erwin und Petra hört sich diese Variante so an: »Nächstes mal kannst du allein hingehen.«; »Bleib ruhig zuhause sitzen. Wirst schon sehen, was du davon hast.«

Der verletzende Streit steigert sich in diesem Beispiel bis zur gegenseitigen Drohung, den anderen zu verlassen. Es würde auch nicht überraschen, wenn diese Auseinandersetzung in Tränen, in Tätlichkeiten oder in irgendeine andere dramatische Form münden würde.

Streitgespräche, wie dieses, sind leider ebenso häufig wie gefährlich für eine Beziehung. Sie tun jedem der Beteiligten sehr weh. Es werden aus dem Drang, sich verteidigen zu müssen, bloß nicht unterzugehen, immer massivere Vorwürfe und Gegenvorwürfe, Drohungen und Gegendrohungen, Entwertungen und Beschuldigungen produziert, bis ein friedlicher Abbruch einer solchen Eskalation immer unwahrscheinlicher wird.

Was kennzeichnet solche destruktiven Streitgespräche?

Vorwürfe und Schuldzuschreibungen sind kaum geeignet, Konflikte und Probleme zu klären. Eigene Gefühle und Wünsche können damit nicht direkt geäußert werden. Vorwürfe und Schuldzuschreibungen können beim Partner eine Reihe von unangenehmen Emotionen auslösen, von leichter Zerknirschtheit, Unverständnis und Enttäuschung über die Äußerung des Partners bis zu maßloser Wut, von einem Sich-etwas-herabgesetzt-Fühlen bis zu Ohnmacht und Hilflosigkeit, vom Trennungswunsch bis zur Trennungsangst, von Rachegedanken bis zu Gewissensbissen und einiges mehr.

Wenn man destruktive Streitgespräche von Paaren genauer betrachtet, tauchen bestimmte Kommunikationsmerkmale immer wieder in Vorwürfen auf. Jedes dieser Merkmale verleiht dem Gespräch einen vorwurfsvollen Anstrich und hat spezifische Auswirkungen auf den Partner, die in jedem Fall unangenehm sind. Betrachten wir diese charakteristischen Elemente einmal genauer. Wer sie sofort (bei sich oder bei anderen) erkennt, kann leichter aus einer drohenden Eskalation aussteigen.

Die folgenden Merkmale sind Kennzeichen für Vorwürfe:

Du-Botschaften
»Du hast dich nicht richtig verhalten.«

Du-Botschaften oder Du-Sätze stecken nahezu in jedem Vorwurf, meist verbunden mit einem oder mehreren der nachfolgend aufgeführten Merkmale. Im positiven Sinne läßt man sie sich gerne gefallen (»Du bist ein toller Mann«, »Wie gut du heute wieder aussiehst«), auch wenn durch die persönlicheren Ich-Aussagen (»Ich bewundere deine Schlagfertigkeit«, »Dein Kleid finde ich unglaublich schick. Mir gefällt dein guter Geschmack.«) sich dieses Wohlgefallen auch noch steigern läßt, schafft es doch einen unmittelbaren Gefühlsbezug.

Negativ gemeint bedeuten Du-Botschaften, ein eigenes Problem, ein eigenes unangenehmes Gefühl am anderen festzumachen. Die eigenen Beweggründe werden in der

Du-Botschaft nicht genannt. Der andere hat etwas Falsches getan, er ist unzulänglich, und das steht mit einem Du-Satz unerschütterlich fest – zumindest für den, der ihn ausspricht, in diesem Moment. Es ensteht sofort ein hierarchisches Gefälle. Man erhebt sich über den anderen, indem man mit dem Du-Satz scheinbar objektiv *feststellt*, was am Partner nicht stimmt. Damit geht es erst einmal nicht mehr um Meinungen und Gefühle, sondern um Wahrheit – was stimmt, was stimmt nicht, wer hat recht. Eine negative Du-Botschaft weckt beim so angesprochenen Partner daher meistens den sofortigen Wunsch nach Widerspruch (»Das stimmt doch gar nicht!«, »Was soll das denn?«, »Geht's dir nicht gut?«). Er gerät in eine Verteidigungshaltung und wird geneigt sein, sich sofort zu rechtfertigen und das so entstandene Hierarchiegefälle zu seinen Gunsten zu verändern. Zum Beispiel mit einem eigenen Du-Satz und unter Zuhilfenahme weiterer aggressiver Varianten, wie den unten aufgeführten.

Verallgemeinerungen
»Du kümmerst dich nie um mich.«

»Es stört mich, daß du dir *nie* die Schuhe abstreifst, . . . daß du *immer* zu spät kommst, . . . daß du *nie* den Mülleimer rausträgst, . . . daß du *immer* so lange das Bad blockierst . . ., usw.«

Verallgemeinerungen sind häufig ein indirekter Ausdruck von Ärger, oft aber auch nur so dahin gesagt. Man erkennt sie an Vokabeln wie »immer«, »ständig«, »dauernd«, »allzeit«, »jedesmal«, oder »nie«. Sie beziehen sich auf einen Zeitraum, der unendlich groß ist oder gar nicht auftritt. Der Anlaß der Äußerung, fast immer eine konkrete Situation, wird zum Dauerzustand erklärt. Wer in Situationen, in denen einem das Verhalten des Partners gerade mal wieder »auf den Keks geht«, zu solchen Wörtern greift, möchte damit eigentlich seinen Argumenten eine besondere Durchschlagskraft verleihen und dem Partner kein Schlupfloch für eine Ausrede lassen. Dabei wird nur das Gegenteil erreicht: Verallgemeinerungen reizen den so Angesprochenen zum sofortigen Widerspruch (»Das denkst auch bloß du, ich habe z. B. letzte Woche zweimal den Mülleimer rausgetragen, aber du bemerkst das ja offensichtlich nie«) oder zum Gegenangriff mit Themenwechsel (»und du nervst mich jedesmal mit deiner übertriebenen Pünktlichkeit, typisch deutsche Sekundärtugend«).

Verallgemeinerungen tragen deshalb auch noch zu Polarisierungen in der Diskussion der Ereignisse bei, jegliches Eingehen auf den anderen wird nur erschwert.

»Immer« oder »nie« stimmen meistens immer nie ... oder? Kein Mensch kommt immer zu spät. Aber für den, der wartet und der dies auch nicht zum ersten mal tut, fällt es schwer, sich in diesem Augenblick an ein pünktliches Erscheinen seines Partners zu erinnern. Die positiven Erinnerungen fallen im Gefühl der Ungeduld und des aufkommenden Ärgers der selektiven Wahrnehmung zum Opfer. Eine Differenzierung gelingt in solchen Augenblicken nur selten. Verallgemeinerungen werden auch schneller eingesetzt, wenn störende Situationen lange nicht angesprochen wurden und man jetzt plötzlich damit herausplatzt.

Übertreibungen
»Tausendmal muß man den gnädigen Herrn bitten.«

Mit Übertreibungen sind hier Äusserungen gemeint, die eine Aussage kraß verzerren, blumig ausmalen oder drastisch verallgemeinern. (»Deine Krawatte ist der geschmackloseste Buntlappen auf Gottes Erdboden, ich finde es einfach unerträglich, wenn du auch nur erwägst, in diesem mit mir ausgehen zu wollen.« Oder: »Wenn ich dich schon mal mit meinem neuen Wagen fahren lasse, brauchst du nicht herumzukriechen wie eine narkotisierte Schnecke, sonst kann ich gleich aussteigen und den Schlitten schieben.«) Auch Übertreibungen entspringen dem Bedürfnis, der eigenen Aussage eine unerschütterliche Überzeugungskraft zu verleihen. In der Auseinandersetzung zwischen Mann und Frau sind Übertreibungen hinsichtlich ihrer Ursachen und Konsequenzen den Verallgemeinerungen sehr ähnlich. Sie reizen das Opfer zum sofortigen Protest (»Du übertreibst schon wieder mal maßlos!«) und möglicherweise auch zu gereizter Gleichgültigkeit, wenn immer wieder übertrieben wird und auch humorvolle Anteile nicht spürbar sind.

Negative Eigenschaftszuschreibungen
»Diese unendliche Trägheit ist typisch für dich.«
(Etikettierungen)

In Situationen, in denen den einen Partner ein bestimmtes Verhalten des anderen stört, ihn ärgert, enttäuscht, verunsichert, ängstigt usw., benennt der eine statt des konkreten Verhaltens manchmal gleich eine ganze Eigenschaft, wenn nicht gar einen Charakterzug des anderen.

Dazu ein Beispiel: Wenn er ihr im Lokal nicht aus dem Mantel geholfen hat und sie ihm später vorhält, er hätte schlechte Manieren, sei ungalant oder ähnliches, macht sie damit zwar indirekt ihrem Unmut und ihrer Enttäuschung Luft, erschwert aber gleichzeitig die Chance einer Verhaltensänderung bei ihm.

Warum? Er erfährt durch diese Aussage nicht, welches Verhalten seinerseits zu diesem Vorwurf ihrerseits geführt hat. Er erfährt auch nichts über ihre Beweggründe, so eine Bemerkung loszuwerden. Er wird sich pauschal abgewertet vorkommen und eher zu Rechtfertigungen und Gegenvorwürfen tendieren, als sein Verhalten zu reflektieren.

Eigenschaftszuschreibungen in einer Auseinandersetzung erwecken den Anschein der Objektivität. Wer sie dem Partner wie ein Etikett verpaßt (»Was bist du nur für ein chaotischer und undisziplinierter Mensch!«), spricht nicht allein für sich und mit seinen subjektiven Gefühlen, sondern »bewaffnet« sich gleichsam mit einer fiktiven »Gutachtermannschaft«, um den Partner zur Einsicht in seine »zweifellos« festgestellten Mängel zu bewegen. Das erweckt beim anderen wiederum leicht Wut und Trotz.

Schuldzuschreibungen
»Du bist schuld, daß . . .
»Du bist schuld, wenn . . .
»Wenn du nicht . . ., dann wäre (nicht . . .)

In manchen Beziehungen werden statt eigenen Gefühlen lieber Beschuldigungen und Entschuldigungen ausgetauscht. Der Partner wird für das persönliche Wohlergehen grundsätzlich verantwortlich gemacht, meist noch mehr, als man sich selbst dafür verantwortlich hält. Dabei scheint der jeweilige »Schuldzuschreiber« eine allgemeingültige Norm festzulegen, was gut und was böse ist, was richtig und was falsch ist. Der »Beschuldigte« gerät so unter den Druck, sich entweder zu entschuldigen oder sich zu rechtfertigen, bzw. mit Gegenbeschuldigungen den Druck zurückzugeben. Faire Problemlösungen werden dadurch erschwert, weil es durch das Hin- und Herschieben von »Schuld« gar nicht erst zu einer konkreten Beschreibung eines Problems kommt.

Negative Interpretationen
»Das tust du doch nur weil . . .«

Interpretationen des Partnerverhaltens sind eine besonders

tückische Angelegenheit. Ich bekunde damit, besser über die bewußten und unbewußten Beweggründe meines Partners Bescheid zu wissen, als er selbst. Im günstigsten Fall stimmt mein Partner zu, wenn die Deutung halbwegs positiv klingt und denkt nicht allzu lange darüber nach, ob sie wirklich stimmig ist - und wer eine positive Interpretation seines Verhaltens für sich selbst anders sieht, könnte leicht geneigt sein, seinen interpretierenden Partner doch lieber weiter in diesem Glauben zu belassen.

Negative Interpretationen unterstellen dem anderen negative Motive. Diese kommen kleineren und größeren Entwertungen gleich. Wer sich Sätze anhören muß, wie –

»Das ist doch nur eine faule Ausrede von dir«, »Deine Kollegen sind dir wohl viel wichtiger als ich, sonst würdest du nicht ständig Überstunden machen«, »So viel, wie du kochst, willst du wohl, daß ich genauso dick werde wie du«, »Nie bringst du mir Geschenke mit, du liebst mich wahrscheinlich gar nicht mehr« –

Der stutzt erst einmal, fühlt sich genötigt, sein Verhalten zu erklären oder zu rechtfertigen. Gleichzeitig entsteht ein latentes bis deutliches Ärgergefühl, falsch verstanden worden zu sein (vielleicht sogar auch ertappt worden zu sein – Negative Interpretationen können ja auch zutreffen). Negative Interpretationen können beim »Interpretierten« auch zu einem berechtigter- oder unberechtigterweise schlechten Gewissen führen, zu Schuldgefühlen, zu Hilflosigkeit und dem Gefühl der Unterlegenheit. Meist jedoch lösen sie erst einmal ärgerlichen Protest aus (»Wie kommst du denn *da* drauf?«). Über den ausgelösten Ärger, der andere Gefühle erst einmal zudeckt, wird ein Gespräch über das jeweilige Problem erschwert.

Durch Interpretationen fühlt sich der Partner auch nicht besonders ernstgenommen. Ich frage ihn ja erst gar nicht nach den Beweggründen für sein Verhalten, sondern ich weiß es einfach besser. Auch das gegenseitige Vertrauen wird beeinträchtigt. Wenn ich bei allem, was ich sage und tue, Gefahr laufe, daß mein Partner darin Unrat in meiner Seele wittert, dann werde ich in Zukunft sehr auf der Hut sein müssen. Spontanität und Offenheit – Adieu!

Warum wird dann überhaupt so häufig negativ interpretiert?

Aus Angst vor der »Wahrheit«, die weniger schlimm ist, wenn ich sie selbst ausspreche? Dann wäre die negative Interpretation eigentlich eine Befürchtung, und man wartet nur auf den Protest und die Rechtfertigungen des Partners, um innerlich wieder beruhigt zu sein.

Aus Lust, den Partner als den weniger lieben Teil der Beziehung darzustellen, um eigene Bedürfnisse besser durchsetzen zu können? Dann wären Interpretationen ein Mittel zur Erlangung oder zum Ausbau von Dominanz in der Partnerschaft.

Man könnte noch einige andere Vermutungen aufzählen, warum so oft negativ interpretiert wird, es wären alles wiederum Interpretationen von Interpretationen. Dagegen gibt es nur einen Weg: Die eigenen Gefühle, die eine Interpretation auslöst, ausdrücken und nach den Gefühlen des Partners offen fragen. Aber dazu später in Kapitel 2.3.

Scheinfragen
»Findest du dein Verhalten etwa richtig . . .?
»Du glaubst doch nicht im Ernst . . .?

Mit Scheinfragen wird nicht wirklich nach etwas gefragt, sondern nur etwas gesagt. Gesagt wird dem Partner auf diese höchst indirekte Art und Weise, daß er sich selbst etwas fragen soll, damit er auf die selbe Antwort kommt, die man längst schon zu wissen glaubt: Nämlich, daß mit ihm/ihr irgend etwas nicht in Ordnung ist. Das soll er/sie doch bitteschön einsehen. Dieses Ziel wird jedoch nur selten damit erreicht, fühlt sich der zum Schein Gefragte doch sofort geschulmeistert und indirekten Vorwürfen ausgesetzt, während der »Fragende« seine Gefühle gleich doppelt versteckt: Einmal im Du-Satz und zum anderen im Fehlen einer eigenen Aussage. Diese zu treffen, wird ja nur indirekt dem Partner nahegelegt. Das führt dazu, daß dieser sich zwar unangenehm berührt fühlt, vielleicht ärgerlich wird, aber nicht sofort weiß, woran er mit seinem Gegenüber gerade ist. Es entsteht zusätzlich Verunsicherung, und der Betroffene wird erst einmal dazu tendieren, sich zu rechtfertigen (»Ich habe doch gar nichts Falsches getan . . .«). Geübte Streithähne treten eventuell die Flucht nach vorne an und agieren mit Gegen(schein)fragen »Meinst du etwa mit solchen indirekten Fragen kriegst du mich klein?« oder geben trotzige Antworten »Ja ich finde es richtig, zweimal in der Woche ohne dich auszugehen, dann bekomme ich wenigstens nicht so kleinkarierte Fragen gestellt«. Blitzschnell kann so ein Gespräch eskalieren.

Scheinfragen haben auch eine weitere unangenehme Konsequenz: Die eigenen Gefühle, die darin so versteckt zum Ausdruck kommen, bleiben auch versteckt, das heißt, mein Partner wird so schnell nicht darauf kommen, danach zu fragen, weil er erst einmal durch den Unmut, den die Scheinfrage auslöst, davon abgebracht wird.

Rechtfertigungen
»Das stimmt doch gar nicht«

Auch bestimmte Rechtfertigungen, meist unmittelbare Reaktionen auf eine Du-Botschaft, beinhalten ihrerseits einen nicht unerheblichen Vorwurf: nämlich, daß der Partner lügt (»Das ist doch alles gar nicht wahr, was Du sagst«). Durch Rechtfertigungen wird ein echtes Verstehen von Gefühlen eher verhindert. Stattdessen geht es viel mehr um rein »sachliche« Argumente und um's Recht- behalten.

Scheinvorschläge
»Du könntest mir gegenüber ruhig einmal ein bißchen aufmerksamer sein.«
»Ich finde, du solltest endlich mal weniger rauchen.«

»Du könntest«- oder »Du solltest«-Sätze heißen eigentlich »Ich möchte gerne von dir . . .«. Der Vorschlag ist in Wirklichkeit ein Wunsch.

»Ich finde, du könntest auch mal wieder Getränke einkaufen«, kann z. B. heißen: »Ich bin sauer, weil ich in der ganzen letzten Zeit von meinem Geld für Getränke gesorgt habe, die schweren Flaschen schleppe, und ich wünsche, daß du gerechterweise auch wieder zum Einkaufen gehst«. Klare Wünsche oder gar Forderungen an den Partner heranzutragen, fällt nicht jedem leicht, denn sie könnten ja auch *nicht* erfüllt werden, und das käme fast einer persönlichen Ablehnung gleich. Als Ausweichmöglichkeit bietet sich deshalb die vorsichtige Variante an, dem Partner einen Vorschlag zu machen, bei dem die eigene innere Beteiligung nicht so deutlich spürbar wird. Wenn mein Partner dann nicht darauf eingeht, tut das nicht so weh, als wenn ein persönlich formulierter Wunsch ausgeschlagen wird. Außerdem bleibe ich in der Rolle des Vorschlagenden bzw. Ratgebenden auf hierarchisch sicherem Terrain. Und darauf läßt sich auch leichter mit guten und »sachlichen« Argumenten agieren, als mit den eigenen Gefühlen.

Ein klassischer Trugschluß. Denn die Wahrscheinlichkeit, daß mein Partner auf meine Wünsche eingeht, ist in jedem Fall wesentlich kleiner, wenn ich ihm meine persönlichen Bewegründe, die hinter dem Vorschlag stecken, erst gar nicht mitteile und ihm gleichzeitig die mißverständliche Botschaft vermittle, der Vorschlag sei nur zu *seinem* Wohl gedacht (»Du könntest auch mal abends früher mit der Arbeit Schluß machen, dann wärst du nicht immer so kaputt« statt »Ich möchte nach Feierabend mehr von dir haben«).

Scheinvorschläge hinterlassen außerdem meist den Beigeschmack eines versteckten Vorwurfs, etwas *objektiv* Falsches zu tun, weswegen man oder frau sie auch lieber überhört.

Es gibt noch eine ganze Reihe mehr von Möglichkeiten, den Partner mit vorwurfsvoller Kommunikation zu traktieren, doch wollen wir es lieber mit den genannten bewenden lassen. Kann man bei diesen Spielarten von direkten und indirekten Vorwürfen noch wohlwollend annehmen, daß sie ohne unmittelbare Absicht, quasi im Affekt geäußert werden, so gilt dies kaum mehr für Vorwürfe, die eines der folgenden Merkmale beinhalten:

> Entwertungen, Beleidigungen
> *»Du bist auch zu nichts nutze, du Stümper ...«*

... schreiben nicht nur eine negative Eigenschaft zu, sie zielen darüber hinaus darauf ab, den betroffenen Partner »klein« und lächerlich erscheinen zu lassen.

Beispiele: »Deine Figur war auch schon mal besser«, »Etwas anderes kann man von dir ja gar nicht erwarten«, »Laß mich endlich in Ruhe mit deinem dümmlichen Gemecker«, »Ich wußte schon immer, daß du ein Muttersöhnchen bist«

Bemerkungen, wie diese, lösen im ersten Augenblick Scham und Verunsicherung aus. Ein ausgesprochen unangenehmes Gefühl ...

So etwas könnte einen dann tatsächlich an zurückliegende Kränkungen und beschämende Situationen erinnern, weswegen man es lieber meist gar nicht soweit kommen läßt und bisweilen auf Wut »umschaltet«, um sich nicht hilflos fühlen zu müssen.

Entwertende Bemerkungen durch einen nahestehenden Menschen bergen nicht nur die Erfahrung des Sich-beschämt-Fühlens in sich, sondern auch die Enttäuschung des Sich-allein-gelassen-Fühlens: Mein Partner, von dem ich bisher angenommen hatte, daß er mich als Mensch mit allen meinen Eigenschaften mehr als nur akzeptiert, zeigt jetzt sein wahres Gesicht und enthüllt, was er wirklich von mir hält . . .

> Verletzende Andeutungen
> *»Du weißt bestimmt noch ganz genau, wie dir dieses peinliche Mißgeschick unterlaufen ist . . .«*

Es wird vom eigentlichen Thema abgewichen und gezielt an eine dem Partner unangenehme Episode erinnert, um ihn zu schwächen.

> Drohungen
> *»Wenn du nicht endlich mit mir in Urlaub fährst, verlasse ich dich!«*

Der Partner wird meist vor die Wahl gestellt. Entweder er verhält sich wunschgemäß und es passiert nichts (für ihn belohnendes), oder er muß mit empfindlichen Konsequenzen rechnen. Das klingt auf den ersten Blick klar und offen. In einer Drohung wird meist nur mehr die Verhaltensebene angesprochen, die Gefühls- und Bedürfnisebene wird dadurch leicht ausgeklammert. Ärger und Enttäuschung über den Partner sind schon soweit angewachsen, daß dies oft gar nicht mehr geäußert wird und scheinbar nur mehr mit Zwang reagiert werden kann. Es werden Ultimaten gestellt, düstere Konsequenzen ausgemalt und »Strafmaßnahmen« in Aussicht gestellt, die meist nicht nur für den Partner, sondern obendrein auch noch für den »Droher« bedrohlich sind. Die Bestrafung des anderen rückt in den Mittelpunkt. Wenn mein Partner nicht tut was ich will, soll er dafür büßen, auch wenn's mir selber weh tut. Die Konsequenz: Drohungen erzeugen Gegendrohungen, der andere reagiert ebenfalls mit irgendeiner Art der Bestrafung, und was auch immer von ihm verlangt wurde, er wird es, wenn überhaupt, nur ungern tun.

> Ironie
> *»Das hast du ja wirklich großartig gemacht. Eine Meisterleistung. Ich gebe dir meinen Lieblingspulli zum Waschen und heraus kommt ein krätziger Putzlappen. Du solltest damit im Zirkus auftreten.«*

Ironie kann sehr humorvoll sein und ist bisweilen eine gute Möglichkeit, kleinen Konflikten eine gewisse Leichtigkeit zu verleihen, die beiden Partnern ermöglicht, locker damit umzugehen und die Sache nicht »tierisch« ernst zu nehmen. Ironie muß allerdings fein dosiert sein, im gleichen Augenblick von beiden Partnern verstanden und als Kommunikationsstil akzeptiert werden. Ist dies nicht der Fall, fühlt sich der ironisch Angesprochene nicht ernstgenommen, verschaukelt und häufig auch noch unterlegen, weil der Partner die Lacher auf seiner Seite hat und mit dem Einsatz von Ironie über den Dingen zu stehen scheint. Der Betroffene wird dann zum Schmollen neigen.

> Sarkasmus
> *»Wenn das so weiter geht, können wir uns auch gleich scheiden lassen, nicht wahr mein Schatz?«*

Sarkasmus ist eine den Partner verletzende Flucht aus der eigenen Hilflosigkeit. Die eigene Betroffenheit über ein Problem oder einen Konflikt in der Partnerschaft wird dadurch indirekt verleugnet, das eigene Bemühen um eine Lösung ad acta gelegt. Was beim Partner ankommt, ist versteckte Aggressivität und das Gefühl, daß dem anderen (momentan?) alles egal ist und nichts mehr an ihm liegt.

Verbündete und »Zeugen« zitieren
»Meine Mutter hat mir immer schon gesagt, daß aus dir nichts wird.«

Auseinandersetzungen mit gegenseitigen Vorwürfen weisen immer den Charakter eines Kampfes oder einer Gerichtsverhandlung mit Angriff bzw. Anklage und Verteidigung auf. Und unter diesen Bedingungen liegt es nahe, echte oder fiktive Verbündete aufzubieten, um die eigene Position zu stärken. Es geht wiederum nicht um Gefühle und Wünsche – die sind viel zu *subjektiv* – und damit für eine Anklage ungeeignet, sondern um Recht und Unrecht und damit auch um Schuld. Es geht um Einsehen statt um Verstehen. Es geht nicht um Bedürfnisse, auf die der Partner eingehen kann oder nicht, es geht um die »besseren« Argumente, was richtig und was falsch ist, nach scheinbar *objektiven* Maßstäben. Im Bemühen, dem Partner klar zu machen, daß ich objektiv Recht habe, halte ich ihm Aussagen Dritter vor, damit er endlich *einsieht*, daß er auf dem völlig falschen Dampfer ist und seine Fehler und seine Schuld erkennt.

Der Grundstein für einen kleinen Grabenkrieg ist damit gelegt. Der so Angeklagte wird erst einmal die »Zeugen der Gegenseite« in ihrer Glaubwürdigkeit und Aussagekraft zu erschüttern versuchen (»Ausgerechnet deine Mutter! Die hat doch nicht einmal einen Baumschulabschluß, und Kochen kann sie auch nicht. Komm mir bloß nicht mit der!«). Sodann werden eigene Verbündete (am liebsten »Abtrünnige aus dem gegnerischen Lager«) aus paritätischen Gründen ins Feld geführt (»Dein Ex-Freund hatte übrigens auch immer so einen Zirkus mit dir, er hat mir erst neulich erzählt, wie sehr er unter deinen maßlosen Ansprüchen zu leiden hatte«). Jeder verschanzt sich nun hinter den angeblichen Aussagen Dritter, die Verbündeten der Gegenseite werden gegenseitig demontiert, entlarvt, als Verräter demaskiert usw.. Die eigene Meinung geht damit völlig unter. Während der ursprüngliche Konflikt einer Klärung immer ferner rückt, wird gleichzeitig jede Menge an neuen Verletzungen und neuem Konfliktpotential dazu geschaufelt (»So denkst du also über meine geliebte Mutter, wie habe ich mich nur in dir getäuscht«).

So vielgestaltig, wie eben beschrieben, können also Vorwürfe aussehen. Der erste Schritt für eine konstruktive partnerschaftliche Interaktion liegt im Erkennen solcher destruktiver Merkmale und Streitgespräche und ihrer Konsequenzen. Doch es gibt auch noch weitere ungünstige Varianten, mit Konflikten umzugehen.

1.1.3 Versöhnung ohne Klärung oder »Schwamm drüber«

Jeder Partner bringt seine gesamten Erfahrungen im Umgang mit Konflikten aus Kindheit und Jugend und vorhergegangenem Beziehungserleben in die Partnerschaft ein. Jeder hat erlebt, wie Auseinandersetzungen bei anderen Menschen, z. B. den eigenen Eltern und bei sich selbst verlaufen und ausgegangen sind. Diese Erfahrungen können größtenteils als klärend und versöhnlich, aber auch als überwiegend bedrückend oder gar verletzend erlebt worden sein. Aus der individuellen Lerngeschichte sind dann Einstellungen und Überzeugungen geronnen, die fortan die Tendenz entwickeln, für allgemeingültig betrachtet zu werden. Wer grundsätzlich lieber einer Auseinandersetzung aus dem Wege geht, überlegt sich wahrscheinlich nicht jedesmal aufs Neue, warum er das tut, sondern er handelt nach festen Einstellungsmustern. Ein Einstellungsmuster für Streitvermeider könnte in etwa so aussehen:

Streit = böse sein	Wer sich liebt, der streitet nicht
Streit trennt	Streit führt zu nichts
	Der Klügere gibt nach

Kommt Ihnen die eine oder die andere Aussage bekannt vor? So sehen gelernte Irrtümer aus. Irrtümer deshalb, weil solche Einstellungsmuster nicht mehr zulassen, die individuelle Situation und das individuelle Verhalten des Partners zu berücksichtigen, sondern in jedem Fall Gültigkeit bekommen und ein starres, immer wiederkehrendes Streitvermeidungsverhalten nahelegen, das letztlich selbst zum Problem wird, sobald ein Konflikt auftaucht.

Nun nehmen wir an, es kommt tatsächlich zu einer Unstimmigkeit, einer kurzen, vielleicht auch heftigen Meinungsverschiedenheit zwischen einem Paar – aus welchem Grund auch immer, jener wird ja nicht geklärt. Stellen Sie sich vor, es fallen ein paar Vorwürfe, die Stimmung ist gereizt, wie könnte es weitergehen?

Vielleicht wissen Sie es. Wer nie einen konstruktiven Streit erlebt hat und sich an die gerade genannten gelernten Irrtümer klammert, weiß es ganz bestimmt nicht. Er weiß nur, daß er so schnell wie möglich heraus will aus dieser unangenehmen Situation, in der er sich vielleicht selbst gerade noch zu ärgerlichen Bemerkungen hat hinreißen lassen. Und dieser Ausstieg ohne Klärung kann viele Varianten aufweisen, die allesamt länger »gelernt« wurden als ein Aufarbeiten einer Auseinandersetzung.

Um sozusagen den Schwamm einzusetzen, um eine unangenehme Streitsituation einfach wegzuwischen, stehen je nach Naturell zwei Möglichkeiten zur Verfügung:

1. Ich werde selbst aktiv und setze den Schwamm an, z. B. durch weiträumiges Ablenken vom Streitthema.

2. Ich bleibe selbst eher passiv und bringe meinen Partner dazu, die Auseinandersetzung möglichst lange ruhen zu lassen, z. B. indem ich krank werde.

Zwischen diesen beiden Ablenkungsstrategien sind eine Reihe von mehr oder weniger einfachen oder umständlichen, durchschaubaren oder versteckten, bewußten oder unbewußten Abwehrmanövern möglich, die einen Streit zudecken sollen, damit eine Versöhnung einkehrt.

Was gibt es denn da so alles?
Eine ganze Menge. Auf jeden Fall viel mehr, als hier überhaupt beschrieben werden könnte. Das liegt wohl am ungeheuren Erfindungsreichtum von uns Menschen, wenn es darum geht, Unangenehmem auszuweichen und es möglichst gar nicht erst anzuschauen.

Einige der häufigsten Verhaltensweisen, wie man(n) und frau zum Schwamm greifen, möchten wir hier dennoch kurz erwähnen – und dabei von folgender Ausgangssituation ausgehen:

Ein Paar war auf einer Vereinsfeier. Einer von beiden kannte fast alle Leute (Vereinsmitglieder und -mitgliederinnen) und hat sich köstlich amüsiert. Der andere nicht.

Auf dem Nachhauseweg machen sich beide heftige Vorhaltungen, daß der eine überhaupt auf diese »blöde« Fete wollte und daß der andere sich wie ein Mauerblümchen und Miesepeter zugleich verhalten habe. Beide schlafen schlecht gestimmt ein. Man sieht sich wieder, z. B. beim Frühstück. Der Konflikt kommt zweifelsohne wieder auf den Tisch. Keiner weiß, wie er eine konstruktive Fortsetzung oder Klärung der vorrausgegangenen Auseinandersetzung herbeiführen sollte, aber beide sind an einer Versöhnung interessiert.

Je nachdem, wie lange die beiden es aushalten, nicht »wieder gut zu sein«, kann jetzt zum Schwamm gegriffen werden. Dazu bieten sich zum Beispiel (und in alphabetischer Reihenfolge) diese Möglichkeiten an:

Ablenken und Themenwechsel:
Z.B. beim (Hintergrund)-Thema Eifersucht: »Warum Simone auf der Feier zweimal nach mir gefragt hat? Warum ich unter der Woche dauernd so spät nach Hause komme? Du machst Dir vielleicht Sorgen. Frag' dich lieber mal, für wen ich soviel schufte. Für uns beide natürlich und für diese hübsche kleine Eigentumswohnung, die sich nicht ganz von selbst bezahlt. Ich schlafe deswegen schon schlecht.

Sag' mal, könntest Du nicht mit Deinen Eltern reden, ob sie uns ein wenig unter die Arme greifen können?«

Hier wird versucht, innerhalb kürzester Zeit von einem heißen Eisen (Eifersucht in der Beziehung) wegzukommen, indem das Thema auf ein gemeinsames (scheinbar viel wichtigeres) Problem gelenkt wird, für das erst einmal der andere etwas tun kann.

Aussitzen, Gras über die Sache wachsen lassen:
Das bedeutet im Konfliktfall z. B. »cool« bleiben, den anderen »beruhigen«, mit keinem Wort selbst den Konflikt thematisieren, Vorwürfe einfach nur dementieren oder abperlen lassen (»Ja, ja, du hast schon recht«), den anderen mit seinem Zorn einfach ausrauchen lassen, keinen offensichtlichen Widerstand bieten.

Bagatellisieren:
Das Konfliktthema und die darin zugrundeliegenden unerfüllten Bedürfnisse werden heruntergespielt. (»Simone? Wer ist Simone? Ach die Simone! Mit der hab' ich in meiner Schülerzeit gerade mal ein paar Wochen was gehabt. Die ist halt neu im Verein. Außerdem ist die ja längst verheiratet. Auf die bist du doch nicht etwa eifersüchtig? Das hast du doch gar nicht nötig.« Oder: »Mein Gott, was regen wir uns wegen dieser Eigentumswohnung eigentlich auf? Wenn's mit den Tilgungen eng wird, dann muß halt dein Wagen verkauft werden. Die halbe Welt hungert und wir streiten uns wegen so etwas.«

Beleidigtsein:
Zeitlich begrenztes emotionales Aushungern des Partners durch abruptes Einstellen jeglicher Zuneigung. Kommunikation wird auf das sachlich Notwendige beschränkt, ansonsten wird emsig eisig geschwiegen und weggeschaut. Tränen werden unterdrückt. Der Partner wird früher oder später durch einlenkendes Verhalten diese selbstgewählte

Verhärtung des Kontakts aufweichen. Es geht auch etwas weniger dramatisch, durch bloßes sich zurückziehen, in der Hoffnung, der andere werde dann leichter »Einsicht« zeigen.

Bestechen:
»Ich finde diese Vereinsfeiern unmöglich. Und diese wichtigtuerische Simone mag ich auch nicht.« »Mein Gott, jetzt hab' dich nicht so. Ich fand's gar nicht so übel gestern. Und diese Simone hat mir doch nur erzählt, wie nett sie dich findet. Du bist halt etwas überarbeitet. Was hältst du davon, wenn ich dieses Wochenende den ganzen Haushalt schmeiße? Ist doch ein Angebot, oder?«

Dieses aufwendige Angebot ist vielleicht nett gemeint, aber soll wiederum nur vom eigentlichen Konflikt ablenken. Und dieser wird vorsorglich auch noch bagatellisiert und uminterpretiert. Der Partner wird regelrecht eingelullt.

Dramatisieren:
Statt besänftigen, bagatellisieren und »bestechen« gibt es auch völlig andere Möglichkeiten: Die Flucht nach vorne. Der Konflikt wird dramatisiert. Das heißt, er wird bewußt verzerrt und überdreht dargestellt, um den Partner aus Furcht vor verheerenden Konsequenzen zu einer raschen Versöhnung zu bewegen.

»Ich habe überhaupt nicht bemerkt, daß du gestern nicht so lange bleiben wolltest, ich habe mich halt mit einigen Leuten ganz gut unterhalten.

»Ich denke, es ist ausgesprochen bedenklich, wenn Du schon gar nicht mehr merkst, wie schlecht es mir auf dieser Feier gegangen ist. Mangelnde Sensibilität ist der Anfang vom Ende jeder Beziehung.«

»Es ist ja gut, es tut mir leid. Dann gehen wir halt nächstesmal nicht mehr hin.«

Einlenken und Ausblenden:
Eine unfruchtbare Auseinandersetzung zu beenden, ist si-

cherlich sinnvoll. Dazu eignet sich als Einstieg nichts besser als das Einlenken eines oder beider Beteiligten. Sätze wie »Ich hab's gar nicht so gemeint«; »Tut mir leid, das mit gestern« oder »Ich möchte, daß wir uns wieder vertragen« eröffnen alle Chancen für eine wirkliche Versöhnung. Häufig wird solch eine Eröffnung aber verbunden mit dem Wunsch, das leidige Konfliktthema bloß nicht wieder aufzuwärmen. Das Einlenken des einen Partners wird mit der Bedingung verknüpft, daß der andere »nicht nochmal damit anfängt«:

»Ich fand es nicht schön gestern, daß wir uns derart gezankt haben. Mir tut es leid, was ich da im einzelnen zu dir gesagt habe. Du hast mich doch noch lieb, oder?«

Er: *Jetzt fang nicht wieder davon an. Es tut mir leid, daß wir uns gestern so gezankt haben. Du hast mich doch lieb, oder?*

Sie: *Jaja . . . Schon . . .*

Er: *Und ich dich doch auch . . . Also laß uns diese Geschichte doch so schnell wie möglich vergessen.*

»Jaa . . . schon . . .«

»Und ich dich doch auch. Also laß uns diese leidige Geschichte doch so schnell wie möglich vergessen.«

»Hm . . . meinetwegen – vielleicht ist das sogar das beste.«

So etwas funktioniert – wenn auch nicht allzu lange. Je häufiger ein Thema auf diese Weise versöhnlich unter den Teppich gekehrt wird, desto schwerer fällt die Einleitung einer Versöhnung und desto unglaubwürdiger wird mit der Zeit ein Einlenkversuch des Partners. Langsam aber sicher baut sich immer mehr Mißtrauen auf, ob der andere einen wirklich noch liebt oder nur seine Ruhe haben will.

Einschalten Dritter:
Vor anderen Leuten Disharmonie und Knatschigkeit in der Partnerschaft auszubreiten, ist den meisten von uns viel zu unangenehm. Deshalb reißt man sich lieber zusammen, tut so, als ob kein Konflikt vorläge und widmet sich in blitzschnell wiederhergestellter Gemeinsamkeit der Schwiegermutter, den Gästen, dem Gasableser usw.. Und schließlich geht jene das auch überhaupt nichts an, da ist man sich meist einig als Paar. So eine stillschweigende Übereinkunft hat auch wieder etwas Verbindendes. Man hält stillschweigend vor Dritten zusammen, und schon allein dadurch bahnt sich eine stillschweigende Versöhnung an, und auch der ursprüngliche Konflikt wird dann meist (zumindest von einem der beiden Partner) ebenso stillschweigend unter den Teppich gekehrt. Wer die kurzfristige Entlastung dieser ablenkenden Situationen zu schätzen gelernt hat, wird sie im Konfliktfall möglicherweise ganz gezielt einsetzen (»Jetzt sei kein Frosch, mein Schatz! Laß uns die beiden Streithanseln Viktor und Viktoria mal wieder besuchen, die fragen eh' schon dauernd danach, wann wir mal wieder vorbeischauen. Das bringt uns auch auf andere Gedanken, o.k.?«).

Imponieren:
Eine weitere sehr indirekte Art, den Partner dazu zu bringen, die Auseinandersetzung abzubrechen, ist das Imponieren, das Sich-selbst-groß-Machen, zur »rechten Zeit«. Hat der andere mit mir in irgendeiner Weise Schwierigkeiten, die aufgrund eines bestimmten Verhaltens oder einer meiner vielleicht weniger liebenswerten Eigenheiten gerade in einen Konflikt zu münden drohen, so verweise ich einfach auf einige meiner umwerfenden Vorzüge – in dezenter Form versteht sich:

»Also ich weiß gar nicht was du hast. Wenn ich so an die Geschichten denke, die du mir von deinem Exfreund erzählt hast, den du dauernd bedient hast, müßtest du doch froh sein, daß ich nicht so ein Pascha bin. Und schließlich hast du selbst schon ein paar mal gesagt, daß ich für einen Mann ziemlich ordentlich wäre – und gutmütig. Ich laß ja schließlich auch über alles mit mir reden, aber irgendwann muß auch mal Schluß sein.«

So etwas läßt sich locker steigern nach dem Motto »Hab' ich es nötig, mir solche Vorhaltungen machen zu lassen? Wo ich immer alles für dich getan habe! Paß nur auf, wenn ich mir das mal nicht mehr gefallen lasse!« Hier wird dem Imponieren noch eine hübsche kleine Drohgebärde angehängt.

Das Imponieren ist allerdings auch eine etwas riskante Art, einen Konflikt abzubrechen. Läßt sich der Partner durch mein Eigenlob und durch hysterische Übertreibung nicht mehr beeindrucken und durch Drohungen auch nicht einschüchtern, geht häufig ein Streit nach allen Fehlern der Kunst erst richtig los.

Nachgeben:
Vielleicht die sicherste und schnellste Methode, einen Streit abzubrechen, aber bestimmt nicht die klügere (wie das berühmte Sprichwort verheißt), wenn dabei eigene Bedürfnisse einfach aufgegeben werden (»Na ja, vielleicht hast du

recht und jetzt reden wir nicht mehr drüber«). Und schließlich, was soll mein Partner von mir denken, wenn ich ihm nicht mal Paroli biete?

Rationalisieren:
Das emotionale Konfliktthema (und Paarkonflikte sind immer emotional) wird auf eine rein rationale, sprich »vernünftige« Ebene gebracht, um dann so schnell wie möglich unter der Rubrik »Gefühlsmäßige Entgleisungen« für immer und ewig archiviert zu werden. Es geht schließlich um die Sache und nicht um Gefühle.

»Schau, Liebling – wir streiten uns jetzt gerade genauso, wie wir es bei Viktor und Viktoria immer so lächerlich finden. Dabei geht es doch nur darum, wann, wo und wie wir unseren Urlaub verbringen. Wenn wir uns konzentrieren, dürfte es doch nicht allzu schwer sein, dieses Thema sachlich miteinander zu diskutieren.«

Regredieren:
Während beim Imponieren »mann« (oder auch mal frau) sich größer macht, sich aufplustert, um den Partner zum sofortigen Einlenken zu bewegen, bedeutet regredieren, sich klein und schwach zu geben, um beim anderen eine sofortige und anhaltende »Beißhemmung« auszulösen. Zum eigenen »Schwach-werden« bietet sich zusätzlich noch an, das Gegenüber stark zu machen, um sich rasch einer weiteren Auseinandersetzung zu entziehen (»Ich wollte, ich wäre wie du, dann wäre mir dieser Fehler sicher nicht unterlaufen«). Regredieren kann viele Ausprägungen haben (Kindchen spielen, sich dumm stellen, bis hin zum krank werden . . .). Es hat beim Partner anfangs fast immer den Effekt eines schlechten Gewissens, wenn er angesichts dieses in höchstem Maße liebe- und schutzbedürftigen Geschöpfs noch weiter an seine eigenen Interessen in diesem fast schon vergessenen Konflikt denkt.

All die eben aufgeführten Methoden erfüllen ihren

Zweck, wenn es darum geht, den Mantel des Vergessens über aufkommende Konflikte zu breiten. Die gegenseitige Faszination reicht meist noch eine Weile aus, sich rasch zu versöhnen und bald wieder gut gelaunt zu sein, ohne die Konfliktursachen auch nur annähernd verstanden zu haben. Der anfänglich kurzfristige Erfolg solcher Vorgehensweisen führt dazu, daß sie noch dauerhafter in das eigene Verhaltensrepertoire übernommen werden und sich zur alleinigen »Lösungsstrategie« entwickeln.

1.2 Die erste Konsequenz: Nebeneinander statt Miteinander oder der Wattebausch der funktionalen Distanz

Wenn die ersten Konflikte in einer Beziehung zunehmend ungelöst bleiben, weil ihre Klärung der »Schwamm drüber«-Methode, zu vielen gegenseitigen Vorwürfen oder einem vollständigen Verdrängungsprozeß zum Opfer gefallen ist, muß das noch lange keine Trennung bedeuten. Bei vielen Paaren tritt jedoch eine manchmal fast schleichende Veränderung im Beziehungserleben ein. Die gegenseitige Faszination, der Ausdruck von Zuneigung und Begehren, das Schmieden von Zukunftsplänen, das Sich-und-den-anderen-Verwöhnen und vieles andere, was die Zufriedenheit und das Glücksempfinden in einer Partnerschaft prägt, verliert sich in zunehmender Desillusionierung. Was irgendwann übrigbleibt, ist dann nur mehr einseitige oder gegenseitige Abhängigkeit oder Trennung.

Und das alles, weil Konflikte nicht richtig geklärt wurden? Sicherlich nicht nur – mangelnde Konfliktlösungsfertigkeiten sind jedoch der beste Wegbereiter, Beziehungen auch schon an vergleichsweise harmlosen, aber wiederkehrenden Problemem scheitern zu lassen. Ein Konflikt liegt vor, wenn mindestens ein Bedürfnis von mindestens einem Partner durch das Verhalten des anderen verletzt oder vernachlässigt wird. Die einzelnen Partner stellen enttäuscht und schmerzlich fest, daß bestimmte Situationen immer wieder zu ähnlichen Unstimmigkeiten führen, daß trotz all der vorausgegangenen Versöhnungen ihre Hoffnung schwindet, der andere möge doch endlich einmal die Erwartungen erfüllen, die man in ihn gesetzt hat. Wenn keine neuen Lösungsmöglichkeiten gefunden werden und die alten Interaktionsmuster im Konfliktfall als nutzlos verspürt werden, bietet sich auch ein resignatives Ausweichen an: Potentielle Konfliktsituationen, in denen die eigenen Bedürfnisse auf dem Spiel stehen, werden in Zukunft gemieden oder gar zum Tabu erklärt (»Den anderen ändere ich ja doch nicht mehr«, »Jetzt ist es eh' zu spät«). Das gesamte Beziehungsgeschehen wird unter Umständen auf bislang »reibungslose« Interaktionsfelder beschränkt. Die unerfüllten Wünsche werden dann auf mehr oder weniger ungesunde Art und Weise kompensiert.

Die Unternehmersgattin, die jahrelang gehofft hatte, ihr Mann würde ihr mehr Zeit widmen, widmet sich selbst nun einem jugendlichen Liebhaber und dem exzessiven Besuch von Schönheitsfarmen. Sie stellt, was gemeinsame Zeit anbelangt, nun keine Forderungen mehr an ihren Gatten. Man beschränkt sich beiderseits auf harmonisch wirkende Auftritte in der Öffentlichkeit und pflegt noch das gemeinsame Hobby, z. B. Reiten oder Cricket. Ansonsten hat man sich in aller Stille vollkommen auseinandergelebt. Man schläft auch nur mehr selten miteinander. Die Beziehung dämmert zwischen Trieb und Trott dahin. Alle Außenstehenden wären jedoch überrascht, wenn dieses Paar sich plötzlich trennt.

Dieses Beispiel, wie es aus jeder zweitklassigen Vorabendserie stammen könnte, ist wahrscheinlich ebenso häufig wie trivial. Eine Beziehung, die überwiegend nur mehr aus funktionaler Distanz besteht und von äußeren Umständen zusammengehalten wird, enthält in diesem schmerzstillenden Wattebausch viele verschüttete Gefühle, die nun auf ein »Funktionieren« hin nivelliert und abgestumpft werden. Trägheit in der Beziehung stellt sich ein. An »alten Wunden« wird nach Möglichkeit nicht mehr gerührt, auch wenn man sich tief im Innern um wichtige Erwartungen betrogen fühlt.

Nicht mehr die Liebe steht im Vordergrund der Beziehung, sondern eine Aufgabe: Die Erziehung der Kinder, der Hausbau, das Haustier, der/die HausfreundIn u.a. rücken in den Mittelpunkt des Lebens. Kinder können zu Ersatzpartnern werden, die für die unerfüllten Wünsche ihrer Eltern herhalten, viele andere in der Partnerschaftsforschung beschriebenen Symptome von Unzufriedenheit treten auf. Man hat sich aneinander gewöhnt, bis hin zu einer gewissen Gleichgültigkeit. Solange dieses System stabil bleibt, geht man nicht mehr auseinander, kommt sich aber auch nicht mehr näher.

Kommen neue Konflikte hinzu – und die Wahrscheinlichkeit dazu ist groß – kann dieses eingespielte System der funktionalen Distanz auch zum Kippen kommen und aus dem Scheinfrieden des Nebeneinanders ein offenes Gegeneinander werden. Der Gebrauch von Zynismus dem Partner gegenüber ist dabei ein untrügliches Anzeichen (»Amüsierst du dich gut mein Schatz? Ich sehe gerade, daß du in Gegenwart dieses Jünglings deine pubertäre Ausstrahlung wiedergewinnst . . .«).

1.3 Die zweite Konsequenz: Gegeneinander statt Füreinander oder »Dir werd' ich's zeigen!«

Aus einem gefühlsmäßig eingeschränkten Nebeneinander in funktionaler Distanz kann auch ein offenes oder verdecktes Gegeneinander im Zusammenleben werden. Manchmal tritt dieser bedauernswerte Zustand einer Beziehung nach schwerwiegenden ungelösten Konflikten auch sehr schnell und ohne Zwischenstadium ein. Es brauchen nur noch ein paar neue Probleme hinzukommen. Versöhnungen sind nicht mehr möglich, zu verletzend sind vorausgegangene Auseinandersetzungen verlaufen. Streitigkeiten münden sofort in einer negativen Eskalation, das heißt, auf Vorwürfe fallen Gegenvorwürfe, auf Drohungen erfolgen Gegendrohungen, die Partner schaukeln sich gegenseitig hoch, z. B. mit all den bereits beschriebenen Kommunikationsfehlern. Jeder denkt, sich anders gar nicht mehr behaupten zu können. Daraus wird ein automatisiertes »Schutz«verhalten nach bekannten Mottos wie »Was du kannst, kann ich schon lange!«, »Wie du mir, so ich dir!«, »Angriff ist die beste Verteidigung« oder »Du sollst mich kennenlernen!« (aber bloß nicht wirklich, sondern nur von der schlimmen Seite). Da jeder immer noch ein i-Tüpfelchen innerhalb seiner festgefahrenen Strategie drauflegt (z. B. noch mehr Vorwürfe, noch mehr Beleidigtsein, noch mehr Nörgeln), um sich endlich einmal durchzusetzen, handeln beide nach dem von Paul Watzlawick e.a. (1969) beschriebenen Interaktionsmuster »mehr desselben«.

Es wird immer schwerer, sich aus diesen negativen Zirkeln zu lösen. Auseinandersetzungen enden oft mit Weglaufen oder gar Tätlichkeiten. Jeder glaubt, Recht zu haben und verübt Druck, um den anderen zu ändern.

Aus Druck wird schließlich Strafe – Strafe für die erlittenen Verletzungen, die enttäuschten Erwartungen, die geplatzten Hoffnungen. Was jemals unter den Teppich gekehrt wurde, kommt jetzt garantiert zum Vorschein und wird sofort zum Vorwurf umgemünzt. Das »Strafen« des Partners hat viele Gesichter: Manche mißachten nun absichtlich wichtige Bedürfnisse ihrer besseren Hälfte, äußern sich zynisch oder abfällig, lassen sie in wichtigen Momenten auch mal im Stich oder gehen fremd. Die alte Sehnsucht und Liebe flackert nur noch selten auf und hat langfristig keine Chance mehr, weil das gegenseitige Bestrafen längst das gegenseitige Belohnen überwiegt. So wird aus Liebe Haß, aus Versöhnung Schuldzuweisung, aus Vertrauen Mißtrauen – so eine Beziehung erledigt sich selbst, mit unendlich viel Leid und langfristig negativen Konsequenzen für alle Betroffenen, das heißt auch für die Kinder, denen ein solches Interaktionsverhalten der Eltern als denkbar ungünstiges »Vorbild« präsentiert wird.

Die Anteile am Unvermögen, mit Konflikten umzugehen und auf den anderen einzugehen, müssen natürlich nicht gleich verteilt sein. Es reicht bisweilen auch das Fehlverhalten eines Partners, eine Beziehung so zum Scheitern zu bringen.

1.4 Die Bedeutung nonverbaler Signale

Natürlich ist es nicht nur entscheidend, welche Inhalte ich meinem Partner mitteile, also *was* ich ihm sage, sondern genauso, *wie* ich das tue. Zu diesem *Wie* gehört zunächst die Form meiner Äußerung:

Z.B. kann ich den Inhalt »Freude über ein Geschenk« in unterschiedlicher Form mitteilen: »Ich freue mich riesig über dein Geschenk!« – »Du bist einfach riesig!« – »So ein großes Geschenk, das wäre aber nicht nötig gewesen.« – »Du machst mir immer so teure Geschenke!«

Es ist leicht einzusehen, daß allein die unterschiedliche Formulierung bewirkt, daß der Inhalt in diesem Beispiel beim Zuhörer entweder direkt als Freude oder als Kompliment oder gar als leichter Vorwurf ankommt.

Für das *Wie* einer Mitteilung sind neben der Form (die wir in diesem Buch zum Thema machen) aber auch sämtliche nonverbalen Signale bedeutend (und zwar im wahrsten Sinn des Wortes). Dazu gehören alle Arten von Signalen, die (z. B.) in einem Gespräch teils bewußt, teils unbewußt eingesetzt werden, also Gestik, Gebärden, Mimik, Körperhaltung, Blickkontakt, Tonfall, Lautstärke usw. Sie spiegeln zu einem Teil die eigene Persönlichkeit, zu einem anderen Teil die momentane Gefühlslage wieder. Nonverbale Signale werden mehr oder weniger direkt wahrgenommen und interpretiert und bestimmen mit, wie Botschaften ankommen und welche Gefühle sie wiederum auslösen.

Bei einer offenen Kommunikation stimmen Inhalt und nonverbale Signale überein, was für eine gesunde Beziehung ungemein wichtig ist. Ein mit mürrischer Miene lau dahingesagtes »Ich liebe dich« wirkt zurecht unglaubhaft und läßt beim Gegenüber alles andere als Freude aufkommen. Wahrgenommene Widersprüche zwischen Inhalt und nonverbaler Begleitung einer Aussage sollten immer sofort aufgegriffen werden (»Du sagst das so mürrisch, was ist denn los?«), um einem offenen und echten Austausch wieder eine Chance zu geben.

In diesem Buch konzentrieren wir uns auf die Form von Gesprächen und können daher nicht näher auf nonverbale Kommunikation eingehen. (Sehr ausführlich und praxisorientiert geht E. A. Stadter in seinem im Anhang genannten Buch auf dieses Thema ein.) Diese ist auch in schriftlicher Form gar nicht so leicht erfaßbar zu machen. Wir sind allerdings der Meinung, daß ein Bemühen beider Partner um eine konstruktive Form ihrer Paargespräche das Aufkommen von Diskrepanzen zwischen Inhalt und nonverbaler Begleitung von Aussagen wirksam verhindert, also für größere Stimmigkeit sorgt.

2. Ein bißchen Theorie (auch Fehler haben ihre Ordnung)

Es gibt zahlreiche Theorien, die zu erklären versuchen, woran Kommunikation in der Partnerschaft, und als Folge davon die Partnerschaft selbst, so häufig fehlschlägt. Die meisten dieser Theorien beleuchten unterschiedliche Aspekte dieses Problems.

Wir wollen Ihnen hier ein ganz einfaches Erklärungsmodell darstellen, das keinen Anspruch auf Vollständigkeit erhebt, in der Hoffnung, daß dieses Modell auch dem nicht psychologisch vorgebildeten Leser einen deutlicheren Einblick in die Zusammenhänge von Kommunikation und Partnerschaft ermöglicht.

2.1 Belohnung und Bestrafung (Mechanismus der Liebe?)

Unsere Verhaltensweisen lernen wir größtenteils durch die Rückmeldung, die uns Menschen aus unserem Umkreis darüber geben. Für Kinder kommen die wichtigsten Rückmeldungen natürlich von den Eltern, später kommen die Freunde, Lehrer, Ausbilder etc. dazu. In der Partnerschaft gewinnt der jeweilige Partner als Rückmelder größte Bedeutung. Die Rückmeldungen, die wir bekommen, lassen sich grob in zwei Arten einteilen: Belohnung und Bestrafung.

Unter Belohnung lassen sich alle diejenigen Rückmeldungen zusammenfassen, die mir angenehm sind und die mich ermuntern, das, wofür ich belohnt worden bin, auch weiterhin zu tun, und dies wenn möglich sogar öfter und/ oder intensiver.

Bestrafung dagegen sind alle diejenigen Rückmeldungen, die mir unangenehm sind. Das, wofür ich bestraft worden bin, werde ich seltener oder gar nicht mehr tun; oder ich werde zumindest darauf achten, dabei nicht mehr erwischt zu werden.

Diese Belohnungen und Bestrafungen, mit denen wir seit frühester Kindheit konfrontiert werden, sind es, die unser soziales Verhalten, also die Art und Weise, wie wir mit unseren Mitmenschen umgehen, langsam ausformen. Mit diesem über viele Jahre hinweg gelernten Repertoire an Verhaltensweisen kommen wir in unsere Partnerschaft. Und hier geht das Lernen weiter. Die beiden Partner werden für den jeweils anderen zum wichtigsten Rückmelder. Sie belohnen und bestrafen sich gegenseitig in der Weise, daß das Verhalten des einen das Verhalten des anderen massiv beeinflußt. So ist die Wahrscheinlichkeit, daß z. B. auf ein belohnend wirkendes Lob eine positive Reaktion erfolgt, enorm hoch. Umgekehrt provoziert z. B. ein bestrafend wirkender Vorwurf mit hoher Wahrscheinlichkeit einen Gegenvorwurf oder eine andere negative Reaktion.

Doch wie sehen diese Belohnung und Bestrafung im Alltag einer Partnerschaft aus?

Die meisten Frauen und Männer dürften sich gar nicht bewußt sein, wie sie ihren Partner durch Belohnung, viel öfter aber noch durch irgendeine Form der Bestrafung zu beeinflussen versuchen. Leichter zu verstehen ist dieses nur allzu menschliche Verhalten vielleicht am Beispiel der Kindererziehung. Stellen Sie sich vor, Sie sind Vater oder Mutter eines ca. 9jährigen Kindes. Sie haben mit ihm vereinbart, daß es spätestens um 18.00 Uhr vom Spielen mit seinen Freunden zurück sein muß. Das Kind hält diese Vereinbarung viele Male ein. Da ist die Gefahr groß, daß diese Befolgung für die Eltern zur Selbstverständlichkeit wird und das Kind keinerlei Lob mehr erhält, wenn es pünktlich kommt. Umgekehrt ist die Aufregung vielleicht groß, wenn das Kind einmal später als erwartet kommt. Und dann überlegen sich verantwortungsbewußte Eltern unter Umständen Strafmaßnahmen zum Wohle des Kindes. Die Prügelstrafe ist zurecht aus vielen deutschen Familien verbannt, weil sie mehr Schaden als Nutzen anrichtet. Beliebte Strafen sind heute Fernsehverbot – schwer durchzuhalten, weil die meisten Eltern selbst gerne vor der »Glotze« sitzen, und sich deshalb entnervende Szenen mit dem zu bestrafenden Sprößling abspielen – oder Hausarrest – ganz besonders schwer durchzuhalten, weil verantwortungsbewußte Eltern ja daran interessiert sind, daß ihre Sprößlinge sozialen Kontakt zu ihren Freunden, am besten in freier Natur bei frischer Luft, aufbauen; vom entnervenden Herumgeknatsche eines zu Arrest verdonnerten Kindes ganz zu schweigen. Allein an diesem Beispiel zeichnet sich schon ab, wie schwierig sich »Bestrafungen« gestalten.

Neben diesen offensichtlich der Kindererziehung mehr oder weniger dienlichen Strafmaßnahmen gibt es eine ganze Reihe von Bestrafungsformen, die uns wieder zur Partnerschaft von Frau und Mann zurückführen. Schimpfen, Nörgeln, Ein-schlechtes-Gewissen-Machen, Schweigen sind Beispiele für Bestrafungsformen, wie sie sowohl in der Kindererziehung als auch in Partnerschaften häufig anzutreffen sind. Und es sind Beispiele für Bestrafungen in sprachlicher Form.

Es ist nur zu verständlich, daß ich meinen Partner in die Richtung zu beeinflussen versuche, die mir am genehmsten ist. Seine Vorzüge, seine guten Eigenschaften möchte ich natürlich auch in Zukunft genießen können. Seine negativen Eigenschaften, Gewohnheiten, die mich an ihm stören, möchte ich am liebsten abschalten. Die Frage ist nur, wie ich das anstelle. Ähnlich wie in dem obigen Beispiel aus der Kindererziehung wird auch in vielen Partnerschaften vergessen, den jeweiligen Partner ab und zu zu belohnen. Kleine Aufmerksamkeiten, ein liebes Wort, z. B. ihn nicht »nur« zu lieben, sondern es ihm auch zu sagen, sind wenig aufwendige, dafür aber um so wichtigere Möglichkeiten der gegenseitigen Belohnung. Aber alles, was mir an ihm gefällt, alles, was er mir Gutes tut, ist in Gefahr, schnell zur Selbstverständlichkeit zu werden, und über Selbstverständlichkeiten brauche ich kein Wort des Lobes oder Dankes zu verlieren. Allerdings verliert dabei die Beziehung, denn sie lebt ja vom gegenseitigen Austausch der Partner. Und was in einer Beziehung noch übrigbleibt, wenn keine Belohnungen mehr ausgetauscht werden, das sind Bestrafungen.

Und tatsächlich: So »mundfaul« viele sind, wenn es darum geht, den jeweiligen Partner für etwas zu loben, so eifrig sind sie, den Partner für alles mögliche zu bestrafen. So eine Bestrafung kann z. B. schon mein langes Gesicht sein, das ich aufsetze, wenn mein Partner zu spät kommt, ein Wegschauen, wenn er sich eigentlich ein Lächeln oder einen Begrüßungskuß erwartet hätte und so weiter. Alle diese nichtsprachlichen Zeichen können sehr beredt sein und wunderbar als Bestrafung eingesetzt werden.

Noch eindeutiger sind allerdings die sprachlichen Bestrafungsmöglichkeiten, über die wir nahezu unbegrenzt verfügen. Beispiele dafür finden sich genügend in den vorhergehenden und den nachfolgenden Kapiteln.

Das verhängnisvolle an diesen Bestrafungsmechanismen in der Partnerschaft ist, daß diese schnell zur Gewohnheit werden können, bis kein Platz mehr für belohnende Verhaltensweisen vorhanden ist. Ein oft zitiertes Beispiel dafür ist die Frau, die ihren Mann als zu wortkarg erlebt und ihn aus ihrer Frustration heraus mit anhaltendem Nörgeln bestraft. Der Mann dagegen bestraft seine nörgelnde Frau, indem er sich umso mehr zurückzieht, was bei der Frau wiederum noch heftigeres Nörgeln auslöst. Hier ist der Teufelskreis der gegenseitigen Bestrafungen bereits perfekt. Kein Wunder, daß in einer Beziehung, in der solche Mechanismen vorherrschen, auch eine anfänglich große gegenseitige Liebe und Zuneigung der beiden Partner langsam aber sicher erlischt.

Deshalb ist es enorm wichtig, daß Paare sich möglichst

früh darüber bewußt werden, wie sie in ihrer Partnerschaft miteinander umgehen, auf welche Fehler sie in ihrer gemeinsamen Kommunikation besonders achten müssen und wie sie diese am besten vermeiden können.

2.2 Bestrafende Kommunikation (Keine Chance für die Liebe)

Bei näherer Betrachtung lassen sich bestimmte Formen des gegenseitigen Umgangs erkennen, die auf den jeweiligen Partner besonders bestrafend oder verletzend wirken. Wir sprechen von »Kommunikationsfehlern«, die bewußt oder unbewußt angewendet werden und ein partnerschaftliches Gespräch unmöglich machen. Sie sind auch dafür verantwortlich, daß sich die in Kapitel 1.1. beschriebenen Grundmuster mißlingender Paarkommunikation entwickeln.

Im folgenden wollen wir diese Fehler einmal gesammelt vorstellen, um dann auf eine konstruktive Alternative in Form der sogenannten Kommunikationsregeln einzugehen.

Bevor wir dies tun, müssen wir an diese Stelle eine kleine aber bedeutende Vorbemerkung setzen.

Vorbemerkung:
Uns ist aufgefallen, daß wir bislang, wenn es um Begriffe wie Partner, Sprecher oder Zuhörer ging, keine weibliche Form als Zusatz- oder Doppelnennung benutzt haben, wenn sowohl Frauen als auch Männer damit gemeint sein sollten. Wir taten das erst einmal guten Gewissens, weil wir uns nach den Gepflogenheiten der deutschen Sprache richten wollten, die für diese Begriffe die männliche Form als Gruppenbezeichnung vorsieht, zumal (allerdings seltener) umgekehrte Beispiele mit rein weiblicher Gruppenbezeichnung (z. B. die Person) vorkommen.

Andererseits gibt es gerade in letzter Zeit zahlreiche Be-

strebungen für eine Feminisierung der Sprache in der Art, daß die Grundform von Gruppenbezeichnungen, sofern sie den männlichen Artikel trägt, gleichzeitig noch in weiblicher Form erscheint.

Das hat allerdings den Nachteil, daß jeder noch so flüssig verfaßte Text durch ständiges gleichzeitiges Benennen der weiblichen und männlichen Geschlechtsform mit Hilfe von Doppelnennungen, plötzlichen Großbuchstaben mitten in einem Wort etc. ins Stocken gerät und kaum mehr vorlesbar ist. Als Beispiel wollen wir Ihnen einen Satz aus Kap. 1.1.2. mit Doppeltnennungen vorführen. Bitte lesen Sie den Text am besten laut vor.

»Im Bemühen, dem/der Partner/in klar zu machen, daß ich als der/die SprecherIn objektiv Recht habe, halte ich ihm/ihr als ZuhörerIn Aussagen Dritter vor, damit er/sie endlich *einsieht*, daß er/sie auf dem völlig falschen Dampfer ist und seine/ihre Fehler und seine/ihre Schuld erkennt.«

Zergeht das nicht auf der Zunge?

Um dieser Schwierigkeit zu entgehen, wählten wir in den bisherigen Kapiteln die herkömmliche Ausdrucksweise. Ausgleichend versuchen wir nun in Kapitel 2.2.1. den Spieß umzudrehen und für Gruppenbezeichnungen, also wenn sich Frauen und Männer gleichermaßen angesprochen fühlen sollen, ausschließlich die weibliche Form anzuwenden. Wir betonen, daß im folgenden unter Begriffen wie Partnerin, Zuhörerin, Sprecherin, Freundin, Abteilungsleiterin etc. selbstverständlich auch die Männer miteingeschlossen sind.

2.2.1 *Die verhängnisvolle Kunst des indirekten Sprechens oder: Alles was ich sage, könnte gegen mich verwendet werden*

»Je allgemeiner ich mich ausdrücke, desto weniger kann mich meine Gesprächspartnerin »festnageln«. Wie leicht könnte es doch passieren, daß ich mich mit meiner eigenen

Sichtweise, meiner eigenen Stellungnahme hervorwage und plötzlich merke, daß die andere oder die anderen völlig anderer Meinung sind. Vielleicht sind sie enttäuscht von mir oder ärgerlich oder sie greifen mich sogar wegen meiner Meinung an, und ich muß mich rechtfertigen, nachgeben, zum Gegenangriff übergehen etc.. Auf jeden Fall könnte es peinlich werden, ich könnte unangenehmes Aufsehen erregen; wo ich doch schon als Kind gelernt habe, bloß nicht aufzufallen. Und dies alles hätte ich vermeiden können, wenn ich mich nur nicht persönlich eingebracht hätte.«

Mit dieser Überzeugung laufen sehr viele Menschen in unserer Gesellschaft herum. Dementsprechend versuchen sie, sich im Gespräch mit anderen – und auch im Gespräch mit der eigenen Partnerin – keine »persönliche Blöße« zu geben. Sie drücken sich deshalb möglichst indirekt aus, doch drücken sie sich dadurch zugleich vor näherem zwischenmenschlichem Kontakt, was für die jeweilige Partnerin sehr verletzend sein kann.

Wir wollen Ihnen drei Gruppen von häufigen Kommunikationsfehlern vorstellen, die ein Gespräch indirekt und völlig unpersönlich erscheinen lassen. Da sie im Grunde alle drei der Verschleierung der eigenen Gefühle, Wünsche, Bedürfnisse, Überzeugungen etc. dienen, nennen wir sie im folgenden »Verschleierungsregeln«. Je nach Übung und Begabung der jeweiligen Sprecherin werden diese Fehler zu kleinen Meisterwerken der Verschleierung der eigenen Person ausgebaut.

Erste Verschleierungsregel: Sag' niemals »ich« zu dir!

Stellen Sie sich vor, jemand, die Ihnen nahesteht, fragt Sie, wie es Ihnen momentan mit Ihrer Partnerin geht. Und Sie antworten: »Momentan habe *ich* Probleme mit meiner Partnerin«. Entsetzlich! Das könnte ja fast schon wie ein halbes Schuldbekenntnis verstanden werden. Das könnte ja klingen, als würde *ich* irgendetwas falschmachen, als würde *ich* versagen. Nun, keine Angst, liebe Leserinnen, es gibt viele bewährte Methoden, sich zu drücken.

»Danke gut« ist erstens eine ultrakurze Standardformulierung auf viele lästige Fragen und zweitens in unserem Beispiel eine faustdicke Lüge.

Gesetzt den Fall, Sie wollen nicht direkt lügen, bietet sich das neutralere »Danke der Nachfrage« an, welches allerdings nur bei grober Betrachtung neutral wirkt und in unserem Beispiel mehr die Bedeutung »Kümmere dich um deinen eigenen Kram« gewinnt.

Die geübte Verschleierin greift in diesen Fällen auf das altbewährte »man« zurück, das sie reichlich mit Phrasen und Klischees garniert. »Nun, wie du ja selbst weißt, hat *man*, wenn *man* länger zusammenlebt, die eine oder andere Meinungsverschiedenheit. Aber damit muß *man* dann eben leben.« Mit dieser Formulierung verschanzt sich die Sprecherin hinter einem zwar ungeschriebenen, aber doch allgemeingültigen Gesetz, das die ganze »Man«-heit = Menschheit betrifft. Sie selbst ist nur eine von allen, denen es so ergeht.

Seitdem die »Psychowelle« mit Wucht erst durch das amerikanische, dann auch durch unser Bewußtsein schwappte und dort eine Menge Schlamm, vereinzelt aber auch einige Perlen und andere Kostbarkeiten anschwemmte, ist das gute alte »man« nicht mehr ganz so ungefährlich wie früher. Mit etwas Pech stößt *man* auf eine Gesprächspartnerin, die kaltschnäuzig reagiert: »Bei *man* ist das vielleicht so, wie ist das aber bei dir?« Und dann hat *man* seine liebe Mühe, das nächste Verschleierungsmanöver einzuleiten. In psychologisch vorbelasteten Kreisen macht *man* sich mit »man«-Formulierungen leicht verdächtig. Doch mit etwas Übung kann die Verschleierin auch diese Klippe umschiffen. Während sich die »Man-Benutzerin« auf das beruft, was alle anderen auch tun oder erleiden, beruft sich die fortgeschrittene »Es-Benutzerin« auf ein absolutes Natur- oder sonstiges Recht, das sie noch unangreifbarer macht. »*Es* ist einfach eine Tatsache, daß sich Beziehungen im Laufe der Jahre verändern. Nach einigen Jahren lebt *es* sich ganz einfach anders miteinander. Es entwickeln sich Meinungsverschiedenheiten, die *es* vorher nicht gegeben hat«.

Übrigens können die »Man«-und die »Es«-Formulierungen beliebig gegen etwas konkreter definierte Autoritäten ausgetauscht werden: »Die Erfahrung zeigt«, »der gesunde Menschenverstand sagt«, »wissenschaftliche Studien belegen«, »unsere Nachbarn, die Hubers, sind auch der Meinung« und unendlich vieles mehr.

Der Verschleierin, der die oben genannten Vorschläge noch zu deutlich nach »Sich-drücken-Wollen« klingen, steht noch eine raffinierte Variante zur Verfügung. Sie hat den Vorteil, daß sie sehr persönlich klingt, ohne es wirklich zu sein. Es ist die bei Paaren, aber auch bei Abteilungsleiterinnen, besonders beliebte »Wir«-Formulierung. »Wir (meine Partnerin und ich) haben gerade Ärger miteinander.« »Wir von der Buchhaltung fühlen uns immer wieder von den anderen Abteilungen ausgenützt«. Zugegeben: Bei »Wir«-Formulierungen steckt die Sprecherin im Gesagten deutlicher mit drin als bei »man« und »es«. Dennoch gibt sie sich nicht offen zu erkennen. Sie verschanzt sich erneut hinter anderen; sei es die eigene Abteilung im Betrieb oder die eigene Partnerin.

Den bisher vorgestellten Verschleierungstechniken ist gemeinsam, daß sie die zuhörende Gesprächspartnerin verunsichern. Bekommt diese doch denkbar leicht das Gefühl, daß sie es nicht mit einem einzelnen Mitmenschen zu tun hat, sondern mit einer ganzen Institution, die hinter der Sprecherin steht und dem Gesagten Nachdruck verleiht.

Die massivste Form der Verschleierung ist jedoch der Vorwurf, meist in Form von »Du«-Formulierungen vorgebracht (s.a. Kap. 1.1.2.). Nach dem Motto »Angriff ist die beste Verteidigung« kann ich mich, damit mir im Gespräch bloß kein »Ich« herausrutscht, auf das »Du« beschränken.

Gekoppelt mit anderen Kommunikationsfehlern, auf die wir noch ausführlicher eingehen werden, lassen sich die schönsten Angriffe auf die arme Fragestellerin starten. Bezogen auf unser Beispiel bietet sich an: »Findest du es eigentlich richtig, mich das jetzt zu fragen?« (Gekoppelt mit einer Suggestivfrage); »Du solltest wirklich wissen, daß man so etwas nicht so einfach ansprechen kann« (Gekoppelt mit »man« und einer Belehrung); »Du mußt ja selbst ganz schön Probleme in deiner Partnerschaft haben, wenn du mich das fragst« (Gekoppelt mit negativem Interpretieren). Und vieles vieles mehr, denn der Vorwurfs-Spezialistin sind kaum sprachliche Grenzen gesetzt. In dem Bestreben, sich selbst nicht zu erkennen geben und sich damit unangreifbar zu machen, schiebt sie ihrer Gesprächspartnerin die schwarze Petra zu. Daß diese darauf nicht nur verwirrt, sondern meist heftiger reagiert, ist leicht nachzuvollziehen. Je nach ihrem Kommunikationsstil wird sie sich massiv rechtfertigen; entweder klassisch: »Ja aber ich wollte doch nur . . .«; oder bereits fortgeschritten und ihrerseits mit Kommunikationsfehlern garniert: »Ich habe doch nur gefragt, weil *man* dir den Ärger förmlich ansieht« (= gekoppelt mit »man« und negativem Interpretieren). Vielleicht zieht sie sich mehr oder weniger wortlos zurück: ». . .« und straft die Partnerin so mit Mißachtung. Oder vielleicht reagiert sie ihrerseits mit Gegenvorwürfen. Und wenn sie geschickt genug ist, bringt sie in einem Satz alle Kommunikationsfehler, die ihr die Partnerin gerade noch um die Ohren gehauen hat: »Du glaubst doch wohl nicht, daß das die feine Art ist, miteinander umzugehen, aber das kennt *man* ja von dir, daß du nicht anders als patzig sein kannst« (Du-Satz, gekoppelt mit Suggestivfrage, Belehrung, »Man«-Formulierung, negativem Interpretieren). Wenn beide Gesprächspartnerinnen die Vorwurf-Gegenvorwurf-Strategie einschlagen, entbrennt in Windeseile ein unfruchtbarer und ausgesprochen verletzender Streit. Beide wissen nachher meistens nicht mehr so recht, worum es eigentlich ging. Sie haben lediglich das Empfinden, von der anderen zu Unrecht angegriffen worden zu sein. Die Gefühle, die sie füreinander hegen, verschlechtern sich durch solche Erlebnisse zusehends.

Bei dieser Form der Verschleierung wird vielleicht am deutlichsten, wie teuer das Bemühen, sich keine »Blöße« zu geben, erkauft werden muß.

Zweite Verschleierungsregel: Wie es in dir aussieht, geht niemanden etwas an!

Sicher kennen Sie die Begrüßungsphrase »Wie geht es Ihnen?« Vielleicht kennen Sie aber auch das entsetzte Gesicht Ihres Gegenübers, wenn Sie ihm darauf wirklich ernsthaft zu erklären versuchen, wie es Ihnen geht.

Unsere Sprache bietet uns eine Fülle von Höflichkeitsphrasen an, die den oberflächlichen Umgang zweier oder mehrerer Menschen regeln sollen, ohne daß sie sich dabei näher kommen. Sicherlich hat die Fragende in unserem Beispiel eine der oben geschilderten unverbindlichen Antworten wie »Danke gut« oder »Danke der Nachfrage« erwartet.

Damit wäre der »Small-Talk«, also das oberflächliche Gespräch, wie es uns in vielen förmlichen Situationen begegnet, eröffnet.

Die geübte Verschleierin ist häufig eine Meisterin im »Small-Talk« und wendet diesen auch an, wenn die Situation ein völlig anderes Gesprächsverhalten erfordern würde. Stellen Sie sich vor, Sie sind mit Ihrer Partnerin auf einer Party. Sie amüsieren sich prächtig. Zwischendurch haben Sie aber den Eindruck, daß es Ihrer Partnerin nicht besonders gefällt. Sie zieht ein langes Gesicht, hängt in einer Ecke herum, nimmt keinerlei Kontakt zu den anderen Partygästen auf. Sie sind wirklich daran interessiert, daß Ihre Partnerin auch Freude daran hat und fragen sie, ob es ihr nicht gefällt. Stellen Sie sich die Frustration vor, wenn

Sie zur Antwort bekommen: »Doch doch, es ist ganz nett hier«. Mit dieser herrlich oberflächlichen Antwort legt sich Ihre Partnerin nicht fest, gibt nicht zu erkennen, was in ihr vorgeht, und setzt Sie unter Druck, den nächsten Schritt zu tun. Doch wie Sie auch reagieren, es wird wahrscheinlich falsch sein. Nehmen Sie die Äußerung ganz wörtlich, ignorieren das lange Gesicht Ihrer Partnerin und wenden Sie sich wieder den anderen zu, wird Sie Ihre Begleiterin als herz- und gefühllos abstempeln. Wenn Sie versuchen, sie auf ihr langes Gesicht aufmerksam zu machen – z. B. »Ich seh' doch ganz genau, daß es dir nicht gefällt« – können Sie mit säuerlichem Widerspruch rechnen, wie z. B. »Du mußt es ja besser wissen, wenn du mir nicht glaubst, was ich sage«. Wenn Sie dagegen zum Angriff in Form von Vorwürfen übergehen, – wie z. B. »Wie du Miesmuschel hier rumhängst, damit vermießt du mir auch noch den ganzen Abend« – dann ist ein unerfreulicher Streit sowieso vorprogrammiert.

Die beste Möglichkeit für Sie, diesen Abend noch zu retten, bestünde darin, daß Sie beide möglichst offen über ihre Gefühle und Bedürfnisse miteinander reden. Nur so könnten Sie Verständnis für die Lage der jeweils anderen gewinnen und wirksame Schritte zur Problemlösung finden. In unserem Beispiel könnte hinter dem »langen Gesicht« vielleicht der Wunsch stehen, von der Partnerin den anderen vorgestellt zu werden, um besser Kontakt zu bekommen. Doch nur wenn dieser Wunsch deutlich angesprochen wird, kann er vielleicht auch erfüllt werden.

Obwohl dem Äußern der eigenen Gefühle eine wesentliche Funktion für das partnerschaftliche Gespräch und das Lösen von zwischenmenschlichen Problemen zukommt, bietet unsere Gesellschaft kaum Modelle hierfür an. Im Gegenteil, schon als Kind lernen die meisten, Jungen noch mehr als Mädchen, daß Gefühle im allgemeinen und negative oder unangenehme Gefühle im besonderen fehl am Platze sind. Das vorwurfsvolle »Ein Junge weint nicht«

oder das tröstlich gemeinte »Da darfst du nicht traurig sein« sind nur zwei Beispiele für eine weit verbreitete Erziehungsmaxime. Unsere Arbeitswelt tut ihr übriges dazu, denn am Arbeitsplatz sind Logik und Sachlichkeit gefordert, Gefühle werden hier nur zu leicht als Gefühlsduselei abgewertet.

Wir halten es für eine Illusion, daß es in der Zusammenarbeit mit Kolleginnen ausschließlich sachlich zugeht. Hinter der Fassade einer mühsam aufrechterhaltenen »Pseudo-Sachlichkeit« stecken häufig massive Angstgefühle, wie z. B. Angst vor Konkurrenz, Angst, nicht für voll genommen zu werden, Angst vor Kontrollverlust etc.. Es ist nicht verwunderlich, wenn viele Konferenzen und Besprechungen ausgesprochen unfruchtbar verlaufen. Denn solange die zugrunde liegenden Bedürfnisse und Wünsche der einzelnen Teilnehmerinnen nicht geklärt sind, ist eine sachliche Problemlösung nicht möglich.

So schädigend sich diese »Pseudo-Sachlichkeit« schon am Arbeitsplatz auswirken kann, umso verheerender wirkt sie auf die intimste Form des Miteinanders, die Partnerschaft. Anstelle von echten Gefühlen werden dann scheinbar »objektive« Gründe vorgeschoben. So könnte in unserem obigen Beispiel die Partnerin mit dem langen Gesicht vielleicht sagen: »Also diese Art von Musik hier ist spätestens seit Mitte der Achtziger Jahre völlig indiskutabel. Außerdem kann bereits bei dieser Lautstärke das Gehör nachhaltig geschädigt werden.« Die Sprecherin versteckt ihre Gefühle und Wünsche hinter einem pseudosachlichen, Kompetenz vorgebenden Gesprächsstil. Kein Wunder, daß die Zuhörerin sie nicht als Mensch wahrnehmen kann und vielleicht ihrerseits in die pseudosachliche Diskussion einsteigt.

So kommt es, daß viele Paare sich den lieben langen Tag darum streiten, wer nun objektiv recht hat. Sie machen sich nicht klar, daß »recht haben« in einer Partnerschaft zu nichts führt, da es ausschließlich darum geht, wie die beiden sich in und mit ihrer Partnerschaft fühlen. Paare, die sich um's Recht- haben streiten, machen ihre Beziehung langsam aber sicher zum Rechtsstreit. Recht behalten dann in der Regel die Rechtsanwältinnen. Ist es dann recht so?

Noch eine elegante Form, sich um echte Gefühlsäußerungen herumzudrücken, sei kurz erwähnt. Wenn ich nicht zugeben will, wie es in mir aussieht, kann ich das genaue Gegenteil meiner wirklichen Empfindungen äußern, und das Ganze am besten noch in zugespitzter Form, damit meine Äußerungen nicht als Lüge gewertet werden. In unserem Beispiel könnte die Sprecherin auf die Frage, ob es ihr hier nicht gefalle, antworten: »Habe mich selten so köstlich amüsiert.«

Dieses altbewährte Kampf- und Verschleierungsmittel ist Ihnen sicher als »Ironie« bekannt. Ironie kann in der richtigen Situation ausgesprochen humorvoll wirken und deshalb zur Entschärfung von Spannungen beitragen. Umgekehrt kann sie aber auch jeden ernstgemeinten Versuch einer näheren Kontaktaufnahme unmöglich machen und so die Gesprächspartnerin nachhaltig frustrieren. Deshalb setzt die humorvoll gemeinte Anwendung von Ironie ein gutes Gespür für soziale Situationen voraus.

Dritte Verschleierungsregel: Sag's weder klipp noch klar!

Die ersten beiden Verschleierungsregeln besagen, daß ich nicht von mir und schon gar nicht von meinen Gefühlen und Wünschen reden darf.

Was aber, wenn ein Gefühl so stark in mir wird, daß ich es nicht einfach zurückdrängen kann? Mit Vorwürfen in Form von Du-Sätzen und/oder pseudosachlichen Äußerungen kann hier eine – allerdings nur kurzfristige – Entlastung geschaffen werden. In der Regel werden diese beiden Möglichkeiten von der geübten Verschleierin noch mit möglichst ungenauen allumfassenden Behauptungen oder sogar mit schnellen Themenwechseln gekoppelt. Das hat den großen Vorteil, daß die Verschleierin auf jede Reaktion der Partnerin ausbüchsen kann, indem sie z. B. erwidert: »Das habe ich nicht gesagt«; »So habe ich das ja gar nicht gemeint«. Verallgemeinern ist also die Devise der dritten Verschleierungsregel, bloß nicht konkret Stellung beziehen.

Stellen Sie sich vor, Sie werkeln in der Küche, während Ihre Partnerin sich in diesem arbeitsträchtigen Raum vorsichtshalber gar nicht erst blicken läßt. Sie finden das ungerecht, weil Abspülen auch für Sie zu den lästigen Pflichten zählt, die Sie gerne mit Ihrer Partnerin teilen würden. Abgesehen davon, daß der Abwasch zu zweit schneller erledigt wäre, würden Sie die Zeit währenddessen gerne nützen, um sich mit Ihrer Partnerin zu unterhalten. Das einfachste und auch erfolgversprechendste wäre es, ihr Ihre Wünsche möglichst konkret mitzuteilen. Doch wenn Sie – wie viele andere Menschen auch – zu der Gattung der Verschleierinnen gehören, werden Sie das Ganze ganz anders angehen. Erst werden Sie lange Zeit überhaupt nichts sagen und sich darauf konzentrieren, wie die Wut über Ihre Partnerin langsam aber stetig anwächst. Sie halten sich dabei brav an die zweite Verschleierungsregel, nach der das Aussprechen der eigenen Gefühle und Wünsche verboten ist. Sie warten geduldig, bis Ihre Wut und Enttäuschung so groß geworden sind, daß Sie nur noch rot sehen. In Ihrem Kopf klickt ein Verallgemeinerungsmechanismus ein, der blitzschnell alle die negativen Erlebnisse, die Sie je mit Ihrer Partnerin hatten, zu einem vernichtenden Gesamteindruck über dieses »Ekel« zusammenfaßt. Und diesen teilen Sie ihr in Form eines verheerenden Rundumschlages mit. Sie ziehen den gestrigsten Schnee und den kältesten Kaffee hervor, den Ihre Partnerschaft zu bieten hat – z. B.: »Das war doch schon am Tag, als wir uns zum ersten Mal sahen, abzusehen, daß das mit dir mal so kommen würde.« Die nächste Verwandtschaft und die entfernteste Bekanntschaft werden als Zeugen herangezogen – z. B.: »Unsere

Kinder leiden auch schon unter dir« oder: »Meinen Arbeitskolleginnen ist das auch schon aufgefallen, daß du . . .«. Aus dem Partner, der heute nicht beim Abspülen hilft, wird »ein Pascha, der noch *nie* einen Finger krumm gemacht hat«. Aus der Partnerin, die sich kurzfristig entschließt, heute lieber zu Hause zu bleiben als auf die Party zu gehen, wird »das launische Frauenzimmer, das *immer alle* Pläne über den Haufen wirft.«

Beispiele für solche Verallgemeinerungen gibt es unzählige (s.a. Kapitel 1.1.2) Gemeinsam ist ihnen, daß statt einer konkreten Verhaltensweise, die mich an der anderen stört, ich ihr negative Eigenschaften (Pascha, launisch) zuschreibe, und daß ich, statt die ganz konkrete Situation zu benennen, das Ganze zur Regel (nie, immer, alles etc.) erkläre. Sie können sich sicher vorstellen, daß solche Formulierungen nicht zu einer Klärung und anschließenden Problemlösung beitragen, sondern völlig unfruchtbare Streitigkeiten provozieren, die meist mit empörten Rechtfertigungen - oft gekoppelt mit Gegenvorwürfen – von Seiten der angesprochenen Partnerin beginnen: »Von wegen *immer* unterwegs und *nie* da. Letzten Mittwoch zum Beispiel saß natürlich ich zu Hause im Gegensatz zu dir.«

Bevor wir nun ein neues Kapitel beginnen, müssen wir an diese Stelle eine kleine, aber bedeutende Nachbemerkung setzen.

Nachbemerkung:

Beim Schreiben der letzten Kapitel merkten wir deutlich, daß es sehr wohl einen Unterschied macht, bei Ausdrükken, die beide Geschlechter gleichermaßen betreffen, nur die *weibliche Geschlechtsform zu verwenden. Es war für uns Männer beeindruckend, wie schwer es uns manchmal fiel, diese ungewohnte Form beizubehalten, und wie leicht wir doch über die übliche männliche Geschlechtsform hinweglesen, ohne sie als unzulässige Ausklammerung (?) der Frauen wahrzunehmen. Umgekehrt hatten wir aber auch den Ein-*

druck, gerade an den Stellen, an denen wir arge Kommunikationfehler darstellten, Gefahr zu laufen, durch die ausschließliche Verwendung der weiblichen Form den Eindruck zu erwecken, Frauen neigten mehr als Männer zu diesen Fehlern. Von diesem Verdacht wollen wir uns hier noch einmal in aller Deutlichkeit distanzieren. In den weiteren Kapiteln kehren wir wieder zu der herkömmlichen Ausdrucksweise zurück und verwenden für Gruppenbezeichnungen, die beide Geschlechter einschließen, die männliche Form.

2.2.2 *Die verhängnisvolle Kunst des Nicht-Richtig-Zuhörens oder: Solange ich nicht auf den anderen eingehe, bin ich der »Stärkere«*

Zu einem echten Gespräch gehören bekanntlich mindestens zwei, nämlich Sprecher und Zuhörer. Merkwürdigerweise besteht in unserem Kulturkreis das Vorurteil, daß der Sprecher die wichtigere, die »tragendere« Rolle im Gespräch innehat. Wohl aus diesem Grunde läßt sich – nicht nur bei Streit – so häufig beobachten, daß beide Gesprächspartner gleichzeitig die Rolle des Sprechers einnehmen, daß es also überhaupt keinen Zuhörer gibt. Die Tatsache, daß zwei Leute, die sich parallel zueinander in der Sprecherrolle fühlen, niemals zueinander finden werden, tut dieser beliebten Unsitte des »Nicht-Zuhörens« keinerlei Abbruch.

Neben dieser Methode, sich gar nicht erst in die Zuhörerrolle zu begeben und stur Sprecher zu bleiben, gibt es noch eine ganze Menge von Möglichkeiten, »falsch« zuzuhören und so dem Sprecher zu vermitteln, daß ich nicht bereit bin, auf ihn einzugehen. Ähnlich wie die Verschleierungs-Regeln beim Sprecher lassen sich beim Zuhörer sogenannte »Weghör-Regeln« finden, mit deren Hilfe ich als Zuhörer das Gespräch unpersönlich und folglich auch unfruchtbar halten kann. Ich halte den Sprecher auf Abstand und gebe mich nicht als Partner zu erkennen. Damit kann ich mir dann wieder einreden, mich ein Stück weit unangreifbar gemacht zu haben. Allerdings bezahle ich wie bei den Verschleierungs-Regeln einen hohen Preis:

Der Partner wird sich durch mein Verhalten bestraft und verletzt fühlen und seinerseits versuchen, mich zu bestrafen. Das Gespräch wird im günstigsten Fall vergeblich geführt worden sein, wahrscheinlich wird es sogar ein weiterer Tropfen werden, der die Beziehung wie den sprichwörtlichen Stein langsam aber stetig aushöhlt.

Erste Weghör-Regel: Das Pokerface

In beinahe jedem Westernfilm wird dem Zuschauer eindrücklich vor Augen geführt, wie wichtig es ist, beim Pokerspiel keine Miene zu verziehen. Jedes unkontrollierte Zucken der Gesichtsmuskulatur, jedes Nicken, jede Handbewegung könnte dem Spielgegner verraten, was in mir vorgeht, und er könnte daraus auf meine Karten schließen. Wenn ich das Spiel gewinnen will, muß ich ein unbewegliches Pokerface aufsetzen.

Es scheint, als würden viele Leute zwischenmenschliche Beziehungen mit einem Pokerspiel verwechseln. Jedenfalls verhalten sie sich so, wenn sie in einem Gespräch die Zuhörer-Rolle einnehmen sollen. Der geübte Weghörer zieht alle Register, um seinen Sprecher zu irritieren.

Eine ebenso wirksame wie beliebte Methode ist es, mit dem Gesprächspartner keinen Blickkontakt zu halten. Ein Paradebeispiel hierfür ist der in so vielen Karikaturen und auch in Wirklichkeit vorkommende Ehemann, der am Frühstückstisch die Zeitung liest, während seine Frau verzweifelt versucht, mit ihm zu sprechen. Er läßt sich vielleicht zu einem jovialen – »Aber ich höre dir doch zu mein Schatz; sprich ruhig weiter« – hinreißen. Doch in diesem Fall nützt diese Aussage der Sprecherin herzlich wenig. Der zeitunglesende Ehemann kann seiner Frau sprachlich noch so oft bestätigen, daß er ihr zuhört. Durch den mangelnden Blickkontakt signalisiert er ihr auf der nichtsprachlichen Ebene das genaue Gegenteil. Die Folgen sind Unsicherheit und zunehmende Frustration auf Seiten der Sprecherin. Mangelnder Blickkontakt erschwert ein Gespräch also ganz erheblich. Besonders deutlich wird das, wenn einer der beiden Gesprächspartner aus äußeren Gründen gezwungen ist, seinen Blick auf anderes zu konzentrieren. Vielleicht kennen Sie die Situation, daß Sie am Steuer eines Wagens sitzen, und Ihr Beifahrer beginnt, mit Ihnen ein wichtiges Thema zu besprechen. Die einfachste und wirksamste Möglichkeit, dem Sprecher zu zeigen, daß Sie am Thema interessiert sind und aufmerksam zuhören, wäre ihn anzuschauen, und genau dieses kommunikative Bedürfnis dürfte schon zu einigen Auffahrunfällen geführt haben.

Doch sogar den so positiven Einfluß des Blickkontaktes auf das Gespräch kann der geübte Weghörer in sein Gegenteil verkehren, nämlich wenn er sich im übrigen um ein Pokerface bemüht und sein Interesse am Sprecher mit keiner Miene, keinem Nicken oder keinerlei bestätigendem »Mhm« oder »Ja« signalisiert. Der jeweilige Sprecher dürfte sich dann durch diesen »Blickkontakt pur« eher beobachtet und angestarrt vorkommen als zum Weitersprechen ermutigt.

Zweite Weghör-Regel: Immer schön »cool« bleiben

Diese zweite Weghör-Regel hat viel Ähnlichkeit mit der »Pokerface«-Regel, ja sie ist die sprachliche Ergänzung zum nicht-sprachlichen Pokergesicht. Ganz egal, was der Sprecher auch sagt und zu welchem Zweck, er ist angewiesen auf die Reaktion des jeweiligen Zuhörers. Wenn nun keinerlei Reaktion erfolgt, das heißt, wenn der geübte Weghörer einfach nicht rückmeldet, was das Gesagte in ihm auslöst, dann ist die Verwirrung, Unsicherheit und Frustration auf Seiten des Sprechers groß. Dieser kann dann weder einschätzen, was beim anderen ankam, noch wie es ankam. Je nach Laune und eigenem Kommunikationsstil wird der Sprecher darauf entweder mit Unsicherheit (»Hast du mich überhaupt verstanden?« »Was sagst du dazu?«) oder mit Wut und verbalen Angriffen (»Da sieht man's wieder, ich kann sagen, was ich will, du hörst mir eh' nicht zu.« »Bringst du wieder mal deinen Mund nicht auf?«) reagieren. Der Profi-Weghörer bleibt nach solchen Äußerungen erst recht »cool« und läßt den erregten Sprecher in seiner Unsicherheit zappeln.

Hier zeigt sich besonders deutlich der Einfluß, den der Zuhörer auf das Gespräch hat. Der Sprecher, dem die Rückmeldung über das Gesagte verweigert wird, läuft buchstäblich in's Leere. Und genauso fühlt er sich dann auch.

Neben dem »coolen« Nichtreagieren hat der Weghörer noch weitere Möglichkeiten, den Sprecher auf »coole« Weise zu entmutigen.

Eigentlich noch in der Zuhörerrolle befindlich, kann der routinierte Weghörer zu diesem Zweck auf einige altbewährte Verschleierungs-Regeln zurückgreifen. Dies sind zwar in erster Linie Regeln für den Sprecher, der damit ein Gespräch zerstören kann, doch sind die Grenzen der Sprecher- und Zuhörer-Rollen fließend, wie folgende Beispiele zeigen sollen.

Ohne sich im mindesten inhaltlich festzulegen, geschweige denn zu offenbaren, was gerade wirklich in ihm vorgeht, kann sich der Weghörer z. B. auf ganz »coole« Weise über die Form beklagen, in der der Sprecher sein Anliegen geäußert hat (»Mußt du denn so laut, gefühlsbetont, unlogisch, agressiv, unbedingt jetzt, hier vor allen Leuten, etc. sprechen?«).

Ein wenig inhaltlicher, aber immer noch sehr »cool« und distanziert und wunderbar entmutigend sind Äußerungen wie »Das gehört doch gar nicht hierher«; »Darum geht es doch gar nicht« und ähnliches.

Und dann gibt es noch einen besonders gemeinen Trick, um dem armen Sprecher den Rest zu geben. Dieser Trick scheint auf den ersten Blick das genaue Gegenteil vom »Cool-Bleiben« zu sein. Wir nennen ihn »Gefühlsaussagen als Waffe einsetzen«. Wie gesagt: Auf den ersten Blick scheint es das genaue Gegenteil vom »Cool -Bleiben« zu sein, wenn jemand auf die Worte des Sprechers mit einem Wein- oder Schreikrampf, einem Wutausbruch oder einem pathetisch inszenierten Verzweiflungsakt reagiert.

Selbst wenn diese heftig geäußerten Gefühle tatsächlich im Ansatz empfunden werden, wird die massive Art und Weise ihrer Äußerung den jeweiligen Sprecher erheblich unter Druck setzen und ihn nicht gerade zum Weitersprechen ermutigen.

Daneben gibt es die vielleicht noch häufigere Form, daß diese Gefühlsäußerungen nur aufgesetzt, ja sogar richtig in Szene gesetzt werden, um den Sprecher in die Enge zu treiben. Hier wird die Parallele zum »Cool-Bleiben« besonders deutlich. Denn ob ich auf den Sprecher überhaupt nicht reagiere oder ob ich mir überlege, welches Gefühl ich wie inszenieren soll, um ihn in meinem Sinne zu beeindrukken, kommt beinahe auf das gleiche heraus. In beiden Fällen zeige ich nicht, was wirklich in mir vorgeht, verunsichere den Sprecher dadurch und ermutige ihn nicht gerade, weiterzumachen.

Stellen Sie sich einen Sprecher vor, der sich schweren und heftig klopfenden Herzens durchgerungen hat, seinem Partner etwas »Unangenehmes«, aber für den Bestand der Partnerschaft sehr wichtiges mitzuteilen (z. B., daß die vor Jahren gemeinsam ausgehandelte Regelung, im Moment noch keine Kinder zu bekommen, für ihn jetzt keine Gültigkeit mehr hat, etc.) und der mit dieser Selbstöffnung an einen Zuhörer gerät, der eine der vorgestellten Varianten des »Cool-Bleibens« spielt. Anstatt für seinen Mut und seine Offenheit gelobt zu werden, wird er dafür bestraft. Die Gefahr besteht, daß er sich in Zukunft hüten wird, das auszusprechen, was in ihm vorgeht. Der Zuhörer hat somit einen kurzfristigen Sieg errungen. Er muß sich momentan nicht mit dem Thema des Sprechers auseinandersetzen. Doch zu welch hohem Preis werden solche Siege erkauft?

Eine Partnerschaft, in der wichtige Gefühle und Bedürfnisse aus Angst vor Bestrafung durch den anderen nicht mehr angesprochen werden, ist zwangsläufig zum Scheitern verurteilt.

Dritte Weghör-Regel: Ich weiß eh' schon, was du sagen willst

Von dieser Weghörregel gibt es wieder etliche Varianten, die alle dazu dienen, dem Sprecher zu signalisieren, daß ich mich entweder nicht für das Gesagte interessiere, daß mich das alles langweilt, weil ich es eh' schon kenne, oder daß ich das alles schon viel besser weiß.

Der geübte Weghörer kann sich unter anderem auch dadurch auszeichnen, daß er vorgibt, dem Sprecher, wenn es sein muß auch stundenlang, zuzuhören, dabei zwischendurch auch brav nickt und »mhm« sagt – so vermeidet er den »Pokerface«-Effekt, ab und zu auch mal ein »ist ja toll«, »nein aber auch«, »was du nicht sagst«, »na du bist mir aber auch einer« oder ähnliches mehr fallen läßt – so vermeidet er den »Cool-Bleiben«-Effekt – ohne wirklich zu verstehen, was der Sprecher meint. Das wichtigste dabei ist: Bloß keine Fragen stellen. Wenn z. B. der Sprecher komplizierte Zusammenhänge erklärt, für deren Verständnis Ihnen noch eine ganze Menge an zusätzlichen Informationen fehlt, dann fragen Sie bloß nicht nach. Sie könnten sich ja eine Blöße geben, und der Sprecher könnte denken: »Was, nicht einmal das weiß der?«. Das wäre doch sehr peinlich, und deshalb nicken Sie verständnisvoll, auch wenn Sie rein gar nichts mehr verstehen und dies Ihnen leid tut. Denn das wichtigste ist, das Gesicht zu wahren.

Oder ein noch schwerwiegenderes Beispiel, in dem es für

den echten Weghörer noch wichtiger ist, bloß nicht nachzufragen: Stellen Sie sich vor, der Sprecher erzählt ganz Persönliches von sich. Sie sind daran sehr interessiert, insgeheim bewundern Sie auch den Sprecher, wie der »aus sich herausgehen« kann. Doch ein paar Stellen sind Ihnen noch unklar. Sie wüßten gar zu gerne, wie der Sprecher sich in den beschriebenen Situationen genau gefühlt hat, was dabei in seinem Kopf vorging. Und Sie würden ihn am liebsten danach fragen. Tun Sie das bloß nicht! Denn Gefahr ist in Verzug. Der Sprecher könnte Ihr Interesse und Ihre Anteilnahme spüren. Ja es könnte sogar soweit kommen, daß er nun auch Persönliches von Ihnen erfahren möchte. Entsetzlicher Gedanke: Aus einem harmlosen Geplauder kann auf diese Art und Weise ein richtiges partnerschaftliches Gespräch entstehen.

Da ist es schon besser, statt interessierter Fragen ein paar Allgemeinplätze anzubringen, um den Sprecher langsam aber sicher zu den Spielregeln des small-talks zurückzuführen. Beliebte Formulierungen gegen Sprecher, die Ihnen von irgendwelchen Sorgen erzählen, sind z. B.:

»Das wird schon wieder«; »Ja, ja, so ist das Leben«; »Das geht jedem mal so« und vieles mehr. Damit wird die Höflichkeit gewahrt und dem Sprecher gleichzeitig signalisiert: »Bloß nicht zu vertraulich, wenn ich bitten darf.«

Eine andere Variante der 3. Weghör-Regel richtet sich noch deutlicher nach den skurrilen Höflichkeitsgeboten der Kommunikation aus. Diese Variante mißbraucht die Höflichkeitsregel: »Ich darf als Zuhörer den Sprecher nicht unterbrechen.« Und dieses Gebot wird dann bis zum Gehtnichtmehr durchgehalten. Nehmen wir an, der Sprecher gehört seinerseits zu der so häufigen Gattung der Verschleierer. Er redet um den heißen Brei herum, kommt vom Hundertsten ins Tausendste, und Sie können ihm schon längst nicht mehr richtig folgen – eventuell mögen Sie ihm auch gar nicht mehr folgen; verständlich wäre es jedenfalls. Die feinste und konstruktivste Art, darauf zu reagieren wäre, den Sprecher zu unterbrechen, ihm kurz Ihre Schwierigkeiten beim Zuhören zu erläutern, und vor allem ihm rückzumelden, was Sie bisher überhaupt verstanden haben. Aber wer traut sich schon in einem Gespräch wirklich fair und konstruktiv zu sein? Stattdessen hören Sie dem Verschleierer verbissen zu – in der stillen Hoffnung, daß ihm doch einmal die Luft ausgehen muß – und wenn dieser irgendwann einmal, verunsichert, weil so gar keine Reaktion von Ihnen kommt, sich vorsichtig erkundigt, ob Sie ihn auch wirklich verstünden, antworten Sie mit: »Natürlich verstehe ich das« (höfliche Form), »Selbstverständlich, so kompliziert ist das ja nun auch wieder nicht« (versteckt abwertende Form), »Klar doch, ich bin ja nicht blöd« (aggressiv rechtfertigende Form).

Noch eine Variante der 3. Weghör-Regel »Ich weiß eh' schon, was du sagen willst«, wollen wir Ihnen vorstellen. Sie ist das genaue Gegenteil der eben erläuterten »übertriebenen Höflichkeit« und besteht darin, den Sprecher möglichst rasch zu unterbrechen. Wohlgemerkt: Mit Unterbrechen sind hier nicht kurze Einschübe gemeint, die den Sprecher unterstützen würden (wie z. B. kurzes Zusammenfassen des bisher Verstandenen, interessiertes Nachfragen oder kurzes Rückmelden, was das Gesagte im Zuhörer auslöst); nein hier handelt es sich um Unterbrechungen, die dem Sprecher das Heft aus der Hand nehmen und ihm beweisen sollen, daß der Zuhörer längst und wahrscheinlich auch noch viel besser Bescheid weiß.

Eine aggressive Form dieser Variante haben wir bereits bei den Verschleierungsregeln vorgestellt – sie sehen auch daran wieder den fließenden Übergang von der mißglückten Sprecherrolle = Verschleierer-Rolle zu der mißglückten Zuhörerrolle = Weghörer-Rolle. Diese aggressive Form ist bei Vorstandssitzungen wie bei Gesprächen mit dem Partner gleichermaßen beliebt und äußert sich in Sätzen wie »Also mein lieber Herr Dr. Glatz-Globich, das gehört doch nun wirklich nicht hierher.«

Häufig anzutreffen ist auch die zerstreut abwertende Form des abrupten Themenwechsels. Sie erkennen sie untrüglich daran, wenn Sie Ihrem Partner z. B. erzählen, wie sehr Sie sich auf einen gemeinsamen, ganz romantischen Urlaub mit ihm freuen, worauf er Ihnen ins Wort fällt und ganz begeistert von den neuesten Börsenkursen berichtet.

Eine dritte Form des Unterbrechens wirkt weit weniger provozierend, ja sie kann sogar, wenn sie gut in Szene gesetzt ist, als echtes Interesse am Sprecher mißverstanden werden. Und doch wirkt sie nicht weniger sprecher-abwürgend als die aggressive und die zerstreute Form. Die Masche besteht einfach darin, das Thema des Sprechers an sich zu reißen und dann – je nach eigener Vorliebe – es zum eigenen zu machen (»Also ich reagiere in solchen Fällen ja folgendermaßen . . .«), es verflachen zu lassen (»In solchen Fällen, sagte schon meine Großmutter, muß man einfach tun, was eine Frau nun mal tun muß«), es in eine mir angenehme Richtung zu lotsen (»Aber mich interessiert daran weniger der persönliche, sondern der sachliche Aspekt, weil ich der Meinung bin, daß . . .«).

Da der Phantasie des Zuhörers kaum Grenzen gesetzt sind, wenn es darum geht, ein Gespräch unpersönlich und unfruchtbar zu machen, sind die vorgestellten Weghör-Regeln nur ein Ausschnitt aller denkbaren destruktiven Möglichkeiten, deren sich der Zuhörer im Gespräch bedienen kann. Zusammen mit den Verschleierungs-Regeln geben sie allerdings eine gute Übersicht über die Tricks und Kniffe, die die meisten von uns – bewußt oder unbewußt – in ihrem Sprachrepertoire haben und auch einsetzen.

Wir wollen diese Formen der Kommunikation nicht rundweg verdammen. warum soll ich sie nicht anwenden, wenn ich den Gesprächspartner »bewußt« verletzen will (Phänomen des inneren Schweinehundes) oder wenn ich das Gefühl habe, mich mit allen sprachlichen Mitteln schützen zu müssen. Wir plädieren allerdings dafür, daß sich ein jeder die Form, in der er kommuniziert, bewußt macht, und daß er, wenn er weder um sich schlagen noch sich verschanzen will, andere Möglichkeiten der Kommunikation nützen und so seinem Gesprächspartner menschlich näher kommen kann.

2.3 Partnerschaftliche Kommunikation ist lernbar

An dieser Stelle wollen wir Ihr Augenmerk noch einmal auf die ersten Seiten dieses Buches lenken.

Zur »Eröffnung stellten wir Ihnen den »Streithansel« Viktor und die »Streitjohanna« Viktoria in einer ihrer üblichen Hickhackszenen vor, die mit der folgenden Gesprächssequenz endet:

»Ich habe manchmal den Eindruck, Viktor, du bist überhaupt nicht an einer intensiven Auseinandersetzung interessiert.«

»Den Eindruck habe ich bei dir leider auch.«

»Ich bin immer daran interessiert – aber nicht so.«

»Wie denn dann?«

So nicht, aber wie denn dann? Dieser Satz drückt eine grundsätzliche Schwierigkeit vieler Paare aus. Einerseits wird die Notwendigkeit, über belastende Themen zu sprechen, deutlich empfunden. Andererseits haben die wenigsten gelernt, wie sie solche Themen ansprechen könnten, ohne die Situation noch schlimmer zu machen, als sie eh schon ist. Und diese makabere Tatsache ist noch nicht einmal verwunderlich, wenn wir uns noch einmal vergegenwärtigen, wie wir unsere Kommunikationsstile erlernen.

In erster Linie übernehmen wir die Formen des Gespräches, die uns im Laufe unserer (Lern-) Geschichte modellhaft begegnen. Und diese Modelle lassen in der Regel sehr zu wünschen übrig. Umgekehrt ausgedrückt ist es schon ein großer Glücksfall, wenn jemand in seinem Elternhaus lernen konnte, wie Streitgespräche auf konstruktive Art und Weise geführt werden.

Schule, Berufsausbildung und Arbeitswelt sind in ihrer einseitigen Leistungsorientierung, die nur zu oft einer rücksichtslosen Ellenbogenmentalität nahekommt, ebenfalls noch weit davon entfernt, konstruktives Gesprächsverhalten zu vermitteln.

Nun gehen zwei durch diese negativen Einflüsse vielfach geprägte Menschen eine enge Beziehung miteinander ein. Und plötzlich erwartet ihre gesamte Umgebung – und sie selbst natürlich auch – daß die beiden wie durch ein Wunder in der Lage sind, offen und ehrlich und trotzdem in einer Form, die nicht verletzend wirkt, alles miteinander zu besprechen.

In unserer Gesellschaft werden für nahezu alle benötigten Fertigkeiten Kurse, Schulungen etc. angeboten. Nur von dem so überaus diffizilen partnerschaftlichen Umgang miteinander wird erwartet, daß er sich völlig von selbst einstellt.

Leider ist es jedoch so, daß die meisten von uns diejenigen Kommunikationsfehler, die sie sich im Laufe der Zeit angewöhnt haben, auch innerhalb der Partnerschaft anwenden. Dies drückt sich auch in den hohen Trennungs- und Scheidungsraten aus.

Allerdings ist nicht nur fehlerhaftes Gesprächsverhalten, sondern tröstlicherweise auch echte partnerschaftliche Kommunikation durchaus erlernbar.

Aus diesem Grunde werden wir im folgenden der Frage »So nicht, aber wie denn dann?« nachgehen.

2.3.1 Zehn wichtige Kommunikationsregeln

Wenn es eine Unzahl von Varianten gibt, sich in der Paarkommunikation durch ein- oder gegenseitige Gesprächsfehler zu verheddern, wie ist es dann um Möglichkeiten bestellt, die einen Dialog gelingen lassen?

Grundsätzlich gut – denn gottlob gibt es einige elementare Gesprächsregeln, mit deren Hilfe sich die ganze Vielfalt an Fehlern weitestgehend vermeiden läßt. Erfreulich ist dabei, daß wir nicht ebensoviele Regeln beachten müssen, wie uns Fehler unterlaufen können, sondern wir sie uns lediglich von den Fingern abzählen müssen, lassen sich doch die wesentlichen Kommunikationsregeln auf eine überschaubare Zahl begrenzen.

Warum nur so wenige? Ganz einfach deshalb, weil viele Gesprächsfehler die Gemeinsamkeit aufweisen, daß ganz bestimmte, für ein partnerschaftliches Gespräch entscheidende Merkmale fehlen.

Denken Sie dabei z. B. an die Verschleierungs- und die Weghör-«Regeln« von Kapitel 2.2.1 und 2.2.2, die zwar verschiedenste Ausprägungen haben können, doch durchgehend einige wenige Gemeinsamkeiten aufweisen, denn: Was wird hier ausnahmslos unterlassen?

Es wird in jedem Falle unterlassen, die eigene Person dem Gegenüber offen spürbar werden zu lassen. Wenn wir uns nochmals die bereits hinreichend beschriebenen Fehler vergegenwärtigen und dabei versuchen, schlicht und einfach diese Ausweichs- und Angriffsstrategien wegzulassen und stattdessen die eigene Person ins Gespräch bringen, was wäre dann zwangsläufig der Fall?

Mein Gesprächspartner würde mich als eigene Person wahrnehmen können, die offen und direkt kundtut, was sie gerade fühlt, denkt, wünscht, überlegt etc.. Er/sie könnte sich, ohne selbst in Bedrängnis zu geraten, viel leichter auf meine Mitteilungen einlassen und einfühlen, würde neugieriger, mehr zu erfahren und gleichzeitig angeregt, selbst offener zu kommunizieren (Psychologen nennen das den Dyadischen Effekt). Im einzelnen bedeutet das, daß ich auch wirklich von mir spreche, wenn ich mich meine, daß ich meine Gedanken, Gefühle und Bedürfnisse offen mitteile (wenn nicht in der Partnerschaft, wo denn dann?), daß ich konkret, das heißt nachvollziehbar, beschreibe, was mir wichtig ist.

Es bedeutet, daß ich umgekehrt in der Zuhörerrolle Aufmerksamkeit signalisiere, daß ich zeige, was ich aufgenommenen habe und darüber Rückmeldung gebe, daß ich meinem Wunsch, Noch-nicht-Verstandenes zu klären, und meiner Neugier, mehr zu erfahren, durch offene Fragen Ausdruck verleihe. Dadurch machen sich die Gesprächspartner wechselseitig einfühlbarer und vertiefen so ihre Beziehung.

Diese Grundregeln der partnerschaftlichen Kommunikation sind längst nicht neu und niemandem gänzlich unbekannt. Sie werden seit Jahrzehnten in Veröffentlichungen unterschiedlicher psychologischer Schulrichtungen empfohlen.

Auffälligerweise scheinen auch kleinere Kinder um diese Regeln zu wissen, bis ihnen dann im Zuge so vieler »Erziehungsmaßnahmen« diese offene und direkte Ausdrucksweise leider nur allzu häufig abhanden kommt und zunehmend durch indirekte Kommunikation ersetzt wird.

So leicht diese Regeln auch einzusehen sind, so schwer sind sie im Gespräch lebendig umzusetzen. Das ist auch kein Wunder, sind wir doch viel mehr Zeit in unserem Leben damit beschäftigt, indirekte Formen der Kommunikation zu lernen, statt eine direkte Art und Weise der Verständigung zu pflegen. Das ist auch der Grund, weshalb die bloße Lektüre darüber keine Garantie dafür ist, die darin vermittelten Gesprächsregeln auch praktisch umsetzen zu können. Nur konsequentes Üben mit dem eigenen Partner, wie es in den EPL-Kursen großgeschrieben wird, kann hierzu den Grundstein legen.

Auf den folgenden beiden Seiten finden Sie zwei Übersichsblätter mit jeweils 5 Gesprächsfertigkeiten, getrennt nach Sprecher- und Zuhörerrolle (Ich kann nur eine Rolle zur gleichen Zeit in einem Gespräch wahrnehmen). Wir orientieren uns bei dieser Übersicht an einer Darstellung aus Schindler, Hahlweg, Revenstorf, 1980.

Wie diese zehn Aspekte einer guten Paarkommunikation in Paargespräche übernommen werden können und welche positiven Auswirkungen sie haben, schildern wir Ihnen an einigen Beispielen in den Kapiteln 4.2.1–4.2.3.

Fertigkeiten der Sprecherrolle

1. Sich öffnen: Jeder Partner soll sich öffnen und beschreiben, was in ihm vorgeht. Anklagen und Vorwürfe lassen sich vermeiden, wenn jeder seine Gefühle und Bedürfnisse direkt äußert. Dann kann auch ein weiterer häufiger Fehler, »das negative Gedankenlesen«, vermieden werden. Hierunter versteht man Äußerungen, die die Reaktionen des Partners vorwegnehmen. Z.B.: »Auf andere Art kann man ja nicht mit Dir reden« oder »Ich würde was unternehmen, aber Du machst ja doch nicht mit«. Der Sprecher sichert sich damit schon im voraus gegen eine mögliche Reaktion ab.

2. Ich-Gebrauch: Jeder Partner soll von seinen eigenen Gedanken und Gefühlen sprechen. Kennzeichen dafür ist der Ich-Gebrauch. Alle Aussagen werden dadurch persönlicher. Äußerungen, die nur auf den anderen gerichtet sind (Du-Sätze), sind meist Vorwürfe oder Anklagen, die als Auslöser für Gegenangriffe oder Rechtfertigungen wirken.

3. Konkrete Situation ansprechen: Jeder Partner soll konkrete Situationen oder Anlässe ansprechen, so daß Verallgemeinerungen (immer, nie) vermieden werden. Verallgemeinerungen rufen meist sofortigen Widerspruch hervor und lenken vom eigentlichen Inhalt – der konkreten Situation – völlig ab. Durch die Einhaltung dieser Regel werden die Aussagen für den Zuhörer anschaulicher.

4. Konkretes Verhalten ansprechen: Jeder Partner soll von konkretem Verhalten in bestimmten Situationen sprechen, so daß vermieden wird, dem anderen negative Eigenschaften zuzuschreiben. Die Unterstellung negativer Eigenschaften ruft ebenfalls Widerspruch hervor. Kennzeichen solcher Äußerungen sind z. B. »typisch«, »unfähig«, »langweilig«, »nie aktiv«. Wer konkretes Verhalten benennt, erreicht eine bessere Nachvollziehbarkeit seiner Aussagen, nicht nur für den Partner, sondern auch für sich selbst.

5. Beim Thema bleiben: Jeder Partner soll vom Hier und Jetzt sprechen, da bei Rückgriffen auf die Vergangenheit das Gespräch Gefahr läuft, völlig vom eigentlichen Thema abzuweichen.

Fertigkeiten der Zuhörerrolle

1. **Aufnehmendes Zuhören:** Der Partner soll dem Sprecher nonverbal (nicht-sprachlich) deutlich zeigen, daß er ihm zuhört und Interesse an seinen Äußerungen hat. Dies kann z. B. durch unterstützende Gesten wie Nicken oder kurze Einwürfe wie »hm«, »aha« geschehen. Wichtig ist neben dem Blickkontakt auch eine dem Partner zugewandte Körperhaltung. Ermutigungen, doch weiterzusprechen (z. B.: »Ich würde gern mehr darüber hören«) stärken den Partner für sein Erzählen.
2. **Zusammenfassen:** Der Partner soll die wesentlichen Äußerungen des Sprechers möglichst in eigenen Worten rückmelden, um deutlich zu machen, daß er ihn verstanden hat. Fällt es ihm schwer, die Äußerungen in eigene Worte zu kleiden, sollte er auch vor wörtlichen Wiederholungen nicht zurückschrecken.
3. **Offene Fragen:** Wenn der Partner im Verlauf der Unterhaltung den Eindruck hat, daß der Sprecher seine Gefühle und Wünsche nur indirekt äußert, und er nicht ganz sicher ist, was der Sprecher empfindet, soll er gezielt danach fragen. Hier ist zu beachten, daß keine Urteile und keine vorschnellen Interpretationen vorgenommen werden, z. B.: »Hast du dich unsicher gefühlt?« und nicht : »Das liegt an Deiner Unsicherheit!«

Im ersten Fall kann der Sprecher zustimmen oder ablehnen, also richtigstellen, im zweiten Fall muß er sich verteidigen.

4. **Positive Rückmeldung:** Der Partner soll den Sprecher für offene und verständliche Äußerungen verstärken (loben), damit dieser sich ermutigt fühlt, z. B.: »Das freut mich sehr, daß Du mir das so klar und offen gesagt hast.«
5. **Rückmeldung des eigenen Gefühls:** Es gibt Situationen, in denen es dem Zuhörer nicht möglich sein wird, mit Verständnis auf den Sprecher zu reagieren, etwa weil dessen Äußerungen ihn sehr aufgebracht haben. In einem solchen Fall sollten indirekte Aussagen vermieden werden, z. B.: »Aber das stimmt doch gar nicht!« Stattdessen meldet der Zuhörer besser seine eigenen Gefühle direkt zurück, z. B.: »Ich bin völlig verblüfft, daß Du das so siehst.« Genauso wichtig ist es, aufkommende positive Gefühle rückzumelden, z. B.: »Mich freut es, daß du das mit mir gemeinsam machen willst.«

2.3.2 *Der kleine Unterschied im Gespräch oder: Was macht man(n)/frau anders?*

Wenn auch bereits das Gespräch zwischen gleichgeschlechtlichen Gesprächspartnern zahlreiche Gefahren für Mißverständnisse in sich birgt, so ist trotzdem auffällig, wie häufig gerade Frauen und Männer aneinander vorbeireden. Zahlreiche Veröffentlichungen versuchen, typisch männliche und typisch weibliche Verhaltensweisen im Gespräch zu beschreiben und zu erklären.

In unseren Paarkursen fallen uns diese und andere Unterschiede zuweilen ebenso auf. Wir haben uns dennoch bewußt dazu entschlossen, jene in diesem Buch nicht schwerpunktmäßig zu behandeln, weil wir der Meinung sind, daß die oben vorgestellten Kommunikationsregeln beiden Geschlechtern in ihrer Art miteinander zu sprechen, weiterhelfen können. Wir möchten dies an folgendem Beispiel erläutern:

Deborah Tannen schreibt in ihrem Buch »Du kannst mich einfach nicht verstehen« an einer Stelle:

»Selbst mit der besten Absicht wird der Versuch, das Problem durch ein Gespräch zu lösen, alles nur noch schlimmer machen, wenn die eigentliche Ursache der Schwierigkeiten ein unterschiedliches Gesprächsverhalten ist« (S. 82). Das heißt, daß Gesprächsverhalten reflektiert werden muß. Doch reicht es dabei, klassifizieren zu können, was typisch männlich und typisch weiblich ist?

Als eines von vielen Beispielen unterschiedlichen Gesprächsverhaltens wird häufig genannt, daß Frauen, denen ein Problem erzählt wird, dazu neigen, den Sprecher zu bedauern, Verständnis für dessen Gefühle zu zeigen und Situationen, in denen es ihnen ähnlich erging, als Beispiele heranzuziehen.

(»Das kann ich sehr gut verstehen, daß es dir damit schlecht geht. Ich hab gestern nämlich ganz ähnliches erlebt, als mir Tante Frieda plötzlich vorwarf, daß ...«)

Männer, denen ein Problem erzählt wird, neigen dazu, sofort Lösungen für dieses anzubieten.

(»Du regst dich völlig umsonst auf, Tante Frieda meint's bestimmt nicht so. Da mußt du einfach drüberweghören.«)

Beide Gesprächsbeispiele sind nicht böse gemeint, können aber trotzdem schmerzliche Mißverständnisse auslösen. So könnte ein Mann als Sprecher bei der oben genannten »typisch weiblichen« Reaktionsweise den Eindruck gewinnen, seiner Zuhörerin gehe es mehr um sich selbst und ihre eigenen Probleme, als darum, ihn zu verstehen.

Umgekehrt könnte eine Frau als Sprecherin bei der obigen »typisch männlichen« Antwort zu dem Schluß kommen, ihr Zuhörer nähme sie mit ihren Gefühlen nicht ernst und wolle nur zeigen, daß er es besser weiß. Beide würden sich in unserem Beispiel nicht verstanden fühlen und wären zumindest enttäuscht, was dazu führen kann, daß sich beide mit der Zeit immer weniger Probleme mitteilen.

Unserer Erfahrung nach lassen sich auch solche Mißverständnisse »typisch weiblicher« oder »typisch männlicher« Kommunikation am besten durch die Einhaltung der Gesprächsregeln vermeiden. In unserem Beispiel würden etwa die Zuhörerregeln »Zusammenfassen« und »Offenes Nachfragen« sowohl ein zu schnelles Umschwenken auf eigene Problemthemen als auch vorschnelle Lösungsvorschläge verhindern und ein besseres Eingehen auf das Gegenüber ermöglichen.

Mißverständnisse zwischen Mann und Frau lassen sich besser und vor allem noch konkreter auf der Ebene der Gesprächsregeln erklären. Auch wird dadurch der Gefahr begegnet, Probleme in der Kommunikation ausschließlich am Anderssein der Geschlechter festzuschreiben. Solch eine Festschreibung könnte leicht dazu führen, Chancen für eine bessere Verständigung gar nicht mehr wahrzunehmen und resignierend die Ursachen für alle Schwierigkeiten beim anderen Geschlecht zu suchen.

Zudem sind alle als eher männlich oder eher weiblich beschriebenen Eigenarten in der partnerschaftlichen Kommunikation bisweilen auch beim jeweils anderen Geschlecht zu finden. So kann sich z. B. ein Mann mit einer zu vorschnellen Problemlösungen neigenden Frau nicht damit trösten, daß es sich hier um eine typisch weibliche Verhaltensweise handelt, die ihm zu schaffen macht. Ebensowenig wie eine Frau mit einem Mann, der sofort von seinen eigenen Problemen erzählt, sich zum Trost sagen kann: »Er ist halt nur ein Mann.« Was dann? Beide können sich z. B. dazu entschließen, über ihre Enttäuschungen nach allen Regeln der Kunst zu sprechen und dabei die Erfahrung machen, daß Geschlechtsunterschiede im Verhalten, wenn sie erst einmal sorgfältig und fair miteinander besprochen worden sind, sogar eine Bereicherung darstellen können.

Wir denken dabei an einen Ausspruch des Familientherapeuten Martin Kirschenbaum: »Stell dir vor, du wärst mit dir selbst verheiratet. Ist das nicht ein gräßlicher Gedanke?«

2.3.3 Können Kommunikationsregeln auch mißbraucht werden?

Es gibt eine Menge Leute, die die oben vorgestellten Regeln nur scheinbar einzuhalten versuchen. In Wirklichkeit aber verdecken sie damit nur noch geschickter ihre wirklichen Gefühle und Bedürfnisse. Deutlich wird diese Taktik in dem von uns so bezeichneten »Psycho-Jargon«, einem Sprechstil, in dem Gesprächsregeln nur als Fassade eingesetzt werden. Wie alles Nützliche können auch die Kommunikationsregeln sogar als Waffe gegen den Partner mißbraucht werden. Für ungeübte Kommunikationstrainer ist es dann oft gar nicht so leicht, rechtzeitig und in angemessener Form in das Gespräch einzugreifen.

Die beliebteste Technik solcher »Kommunikationsregelmißbraucher« besteht darin, die Regeln isoliert anzuwenden, das heißt jeweils nur eine oder zwei Regeln aufzugreifen und die anderen einfach wegzulassen. Auf diese Weise wird häufig das genaue Gegenteil von dem erreicht, was die vollständige Anwendung der Regeln bewirken soll.

In den folgenden Beispielen wollen wir die Gefahren der isolierten Regelanwendung verdeutlichen.

Am einfachsten ist wahrscheinlich noch der Mißbrauch des »Ich-Gebrauchs« einzusehen. »Ich finde, du bist unmöglich« ist eine genauso unmögliche Formulierung wie »Du bist unmöglich«. Der Ich-Gebrauch, ohne Äußerung eigener echter Gefühle und losgelöst von den Konkretheitsregeln, wirkt genauso als Vorwurf wie reine Du-Sätze.

Aber auch die Koppelung von »Ich-Gebrauch« und dem »Äußern von Gefühlen« kann noch einen deutlichen Angriff darstellen. »Ich bin stocksauer und total enttäuscht von dir.« Das Äußern von Gefühlen jeglicher Art ist für eine partnerschaftliche Beziehung unbedingt notwendig. Doch muß es, vor allem wenn es sich um negative oder unangenehme Gefühle handelt, mit den Konkretheitsregeln und den Zuhörerregeln verbunden werden, damit der Angesprochene merkt, daß sich diese Gefühle nicht auf seine ganze Person, sondern auf ganz konkrete Situationen und Verhaltensweisen beziehen. Außerdem kann er einem guten Zuhörer gegenüber seine Sichtweise und Empfindungen klarstellen.

Eine beliebte Möglichkeit des Regelmißbrauchs ist die übertriebene Anwendung der Konkretheitsregeln unter Aussparung persönlicher Sichtweisen. Dieser bei uns unter dem Stichwort »Faktendreschen« bekannte und berüchtigte Kommunikationsstil, der übrigens häufiger von Männern als von Frauen gepflegt wird, führt zu langatmigen, langweiligen Gesprächen ohne Tiefgang. »Also, vor zwei Tagen, genau um 15.00, nein 15.05 war es, weil gerade die Nachrichten zu Ende waren, da stand die Tür zur Küche offen, also so halb offen . . .« Diese detaillierte Situationsbeschreibung kann noch viele Minuten lang so weitergehen. Wenn der Trainer hier nicht eingreift, drückt sich der Sprecher um das Wesentliche, nämlich um seine Gefühle und Wünsche, herum, während der Zuhörer langsam immer wütender oder immer schläfriger wird.

Genauso wie die Sprecherregeln lassen sich auch die Zuhörerregeln durch einseitiges Anwenden als Angriffswaffe gegenüber dem Gesprächspartner mißbrauchen.

Beispiel »Aufnehmendes Zuhören«: Starrer Blickkontakt, losgelöst von den anderen Regeln, kann für den Sprecher alles andere als ermutigend wirken. Eher wird er sich wie das durch den Schlangenblick hypnotisierte Kaninchen vorkommen. Stures Nicken, eintöniges »Mhm« signalisiert dem Sprecher eher Überdruß und Langeweile als Aufmerksamkeit auf Seiten der Zuhörer.

Selbst die so unglaublich wichtige Regel des »Zusammenfassens in eigenen Worten« kann ein offenes Gespräch zerstören, wenn sie zu einseitig angewendet wird. »Du sagst mir gerade, daß du dich gestern Abend allein gelassen gefühlt hast und sehr traurig warst.« Auf diese oder ähnliche Zusammenfassungen müssen weitere Regeln folgen. Entweder »Offenes Nachfragen« (»Hattest du fest damit gerechnet, daß ich komme?«), damit der Sprecher sich noch mehr öffnen kann, »Positives Rückmelden« (»Ich bin froh, daß du das gleich so deutlich ansprechen kannst«), damit der Sprecher das Gefühl bekommt, mit seiner Selbstöffnung auf dem richtigen Weg zu sein, oder Rückmeldung eigener Gefühle« (»Das wundert mich jetzt schon . . .«), eventuell mit einem Wechsel von der Zuhörerin die Sprecherrolle (». . . weil ich doch dachte, daß du gar gar keine Zeit hättest, mich zu sehen, und ich auch darüber traurig war«), damit deutlich wird, daß das Gesagte den Zuhörer nicht »kalt« läßt. Bleibt der Zuhörer dagegen dabei, ausschließlich zusammenzufassen, bekommt der Sprecher das Gefühl, es mit einem unbeteiligten, gefühllosen Sprechautomaten zu tun zu haben, der ihr eiskalt einen Spiegel vorhält und als menschliches Gegenüber nicht fühlbar wird.

Talentierten »Kommunikationsregelmißbrauchern« bietet das »Zusammenfassen in eigenen Worten« noch eine sehr wirksame Möglichkeit des Mißbrauchs. Mit etwas Übung kann der Zuhörer die Selbstöffnungen des Sprechers so pointiert und mit kleinen bösartigen Interpretationen versehen zusammenfassen, daß dieser sich völlig mißverstanden oder sogar heimtückisch angegriffen fühlt. Gegen diesen Trick hilft nur, daß wir Trainer auf möglichst wörtliches Wiederholen des gerade Gesagten bestehen.

Das »Offene Nachfragen« birgt ebenfalls eine Anzahl von Kommunikationsfehlern in sich. Daß die Frage wirklich offen – im Sinne von offen und ehrlich gemeint – gestellt werden muß, wurde bereits ausgeführt. Die sogenannten Suggestivfragen sind für geübte Trainer auch leicht zu erkennen.

Eine weitere Gefahr besteht jedoch nicht in der Qualität, sondern in der Quantität der Fragen. Viele Gesprächspartner haben noch nicht einmal ein schlechtes Gewissen, wenn sie ihr Gegenüber mit einem Fragenschwall bombardieren. Schließlich wenden sie ja nur eine Zuhörerregel an.

Doch genau darin liegt der Fehler: Sie wenden eben nur eine von fünf wichtigen Regeln an. Damit »nageln« sie den Sprecher in der Sprecherrolle geradezu fest. Dieser/diese wird dadurch gezwungen, sich immer mehr zu öffnen, während der Zuhörer sich hinter den Fragen verschanzen kann.

An dem Beispiel wird vielleicht besonders deutlich, daß die Trainer nicht nur auf die Einhaltung der einzelnen Regeln achten müssen, sondern auch darauf, daß Sprecher und Zuhörer möglichst abwechselnd von allen Regeln Gebrauch machen, und Sprecher- und Zuhörerrolle im gesamten Gespräch einigermaßen ausgewogen verteilt sind.

Diese Ausgewogenheit wird zum Beispiel auch gefährdet, wenn der Zuhörer zu häufig von der »Rückmeldung der eigenen Gefühle« Gebrauch macht. Der Sprecher kann sich dadurch leicht gezwungen fühlen, das Wort abzugeben. Als Kommunikationstrainer müssen wir häufig klarstellen, daß diese Zuhörerregel keineswegs zwangsläufig mit einem Wechsel der Sprecher-Zuhörer-Rollen einhergehen muß. Der Sprecher soll, wenn er offen und ehrlich sein will, auch heftige Gefühle in dem Zuhörer auslösen dürfen, ohne daß er darauf sofort das Wort abgeben muß.

Schließlich bleibt nur noch die Überlegung, ob es auch einen Mißbrauch der Regel der »Positiven Rückmeldung« gibt. Leider ist das gegenseitige Loben bei Paaren üblicherweise sehr selten, doch können wir in unseren Kursen immer wieder ganz spezielle Paare beobachten, die zu häufiges Loben als Abwehrstrategie verwenden, um bloß keine Konflikte austragen zu müssen. Wir sprechen dann von »Idealisierenden Paaren«. Beim idealisierenden Paar denken beide Partner, daß jegliche Form von negativen Gefühlen aus ihrer Partnerschaft herausgehalten werden muß. Deshalb lobhudeln sie ihren Partner auch in Situationen, in denen ihnen eigentlich mehr nach Schimpfen zumute wäre. Dem Partner wird soviel »Honig um's Maul geschmiert«, bis jeder Konfliktstoff darin kleben bleibt.

3. Das EPL (Ehevorbereitung – Ein Partnerschaftliches Lernprogramm)

So wie alle Kommunikationsfehler, die wir im Laufe unseres Lebens lernen, sind auch Kommunikationsfertigkeiten, die den oben vorgestellten Regeln entsprechen, lernbar. Aber wie? Damit dieses günstigere Gesprächsverhalten nicht nur einsichtig bleibt, sondern auch dauerhaft übernommen werden kann, bedarf es eines intensiven Lernprogrammes. Zu diesem Zweck wurde an unserem Institut* ein entsprechendes Programm, das EPL, unter umfangreicher wissenschaftlicher Begleitung entwickelt.

3.1 Inhalte und Durchführung

Das EPL zielt ganz konkret auf die Verbesserung von Kommunikations- und Problemlösefertigkeiten. Anhand von typischen Kommunikationsfehlern werden den Paaren Verhaltensweisen, wie wir sie in den Kapiteln 1.1 und 2.2 beschrieben haben, bewußt gemacht, die ihre Beziehung belasten würden. Daraus werden beziehungsfördernde Gesprächsmuster (s. Kapitel 2.2.1) abgeleitet und intensiv eingeübt. Die Teilnehmer lernen im Zweiergespräch mit ihrem eigenen Partner Gefühle, positive wie negative, und Wünsche konkret und in angemessener

* Das Projekt wurde am Institut für Forschung und Ausbildung in Kommunikationstherapie e.V. in München, im Auftrag des Bayerischen Staatsministeriums für Arbeit, Familie und Sozialordnung, der Deutschen Bischofskonferenz und der Erzdiözese München und Freising – die das Projekt auch finanzierten – durchgeführt und am Institut für Klinische Psychologie der Technischen Universität Braunschweig von Kurt Hahlweg wissenschaftlich begleitet.

Form zu äußern und Probleme und Meinungsverschiedenheiten in fairer Weise anzugehen und – wenn möglich – zu lösen.

Der Kurs ist in sechs Einheiten gegliedert, die systematisch aufeinander aufgebaut sind, so daß die Paare Schritt für Schritt zum Kursziel hingeführt werden. So steht in den ersten drei Sitzungen das Vermitteln und Einüben der grundlegenden Kommunikations- und Problemlösefertigkeiten im Mittelpunkt. Speziell in den ersten beiden Sitzungen werden die in Kapitel 2.2.1 behandelten Sprecher- und Zuhörerfertigkeiten gelernt und trainiert.

Die dritte Sitzung dient dazu, Strategien für ein geeignetes Problemlösen zu vermitteln und in einer ausgedehnten Übung anzuwenden.

In den darauf folgenden Einheiten werden dann die erlernten Fertigkeiten an speziellen Themenkreisen angewandt und eingeübt. Im einzelnen sprechen hier die Paare darüber, was ihnen für ihre Ehe/Partnerschaft wichtig ist, welche konkreten Erwartungen sie an diese haben (4. Einheit), welche Wünsche sie im Bereich der Sexualität aneinander haben (5. Einheit) und was für sie christlich gelebte Ehe bedeutet (6. Einheit).

Die 6 Sitzungen des EPL:

Sitzung 1: Sprecher- und Zuhörerregeln:

Mittelpunkt der ersten Sitzung ist zunächst die Darstellung einer Reihe von Verhaltensweisen, die ein Gespräch auch ohne jeden bösen Willen und oft aus harmlosen Anlässen heraus zu einer enttäuschenden Auseinandersetzung werden lassen.

Aus den gemeinsam herausgefundenen Fehlern (anhand von Videobeispielen oder gespielten Szenen verdeutlicht) werden relativ einfache Regeln der Mitteilung und des Zuhörens erarbeitet, die zunächst ein wesentlich besseres gegenseitiges Verständnis ermöglichen.

Bereits in dieser ersten Sitzung wird damit begonnen, diese Gesprächsfertigkeiten in die Praxis umzusetzen, indem sie in Paargesprächen mit positiven Themen geübt werden. Diese positiven Verhaltensweisen sind vielen Paaren nicht unbekannt, nur haben die meisten nicht gelernt, sie bewußt im Gespräch einzusetzen.

Sitzung 2: Äußern negativer (unangenehmer) Gefühle:
In keiner Partnerschaft bleiben Enttäuschungen und Ärger über die/den anderen aus. Grundsätzlich ist es für uns selbst, für unseren Partner und für die Beziehung besser, diese negativen Gefühle nicht einfach beiseite zu schieben, sondern sie zu äußern.

Bloß wie sagen wir, was uns gestört hat, ohne unseren Partner zu verletzen, und wie geben wir ihm am besten die Chance, darauf einzugehen?

Dies wird in der zweiten Sitzung intensiv vermittelt. Schrittweise wird wiederum in Paargesprächen das Äußern unangenehmer Gefühle eingeübt. Als Grundlage dienen dabei die in Sitzung 1 erarbeiteten Regeln des partnerschaftlichen Gespräches.

Sitzung 3: Probleme lösen:
Meist ist es weniger das bloße Vorhandensein von Problemen und unterschiedlichen Bedürfnissen, die eine Partnerschaft scheitern lassen können, sondern viel mehr der Umgang damit.

In der dritten Sitzung wird deshalb geübt, wie sinnvollerweise Schwierigkeiten und Differenzen diskutiert werden können und schrittweise auf eine faire Lösung hingearbeitet wird, ohne daß es zu vorschnellen (sogenannten faulen) Kompromissen kommt.

Sitzung 4: Erwartungen an die Partnerschaft/Ehe:
Viele Erwartungen an den Partner und an die Beziehung werden oft als selbstverständlich angesehen und gar nicht mehr ausgesprochen. Werden diese dann aber nicht erfüllt, fühlen sich beide schnell getäuscht.

Deshalb ist es notwendig, dem Partner schon möglichst früh die eigenen Erwartungen an die Beziehung zu reflektieren und mitzuteilen und zu hören, ob und inwieweit er diese teilt und erfüllen will.

Diesen Austausch von Vorstellungen und Wünschen in verschiedenen Bereichen der Partnerschaft einzuleiten oder zu vertiefen, dient diese Sitzung.

Es kann durchaus sein, daß unterschiedliche Erwartungen zu Enttäuschungen gegenüber dem anderen führen können, aber die Gefahr, sich nachher von dem Partner getäuscht zu fühlen, wird dadurch vermieden und eine möglichst realistische Grundlage für zukünftige Erwartungen geschaffen.

Umgekehrt werden beim offenen Aussprechen der eigenen Erwartungen auch häufig Gemeinsamkeiten mit den Vorstellungen des Partners entdeckt. Manche Überzeugungen müssen nicht unumstößlich sein, und es können faire Kompromisse bei anfänglichen Differenzen eingegangen werden. Solche positiven Erfahrungen tragen dann dazu bei, eine Beziehung zu festigen und zu vertiefen. Viele Paare lernen sich in dieser Sitzung noch besser kennen.

Sitzung 5: Sexualität und Kommunikation:
Sexualität ist mit der wichtigste und vielschichtigste Bereich in der Partnerschaft. Damit dieser auch glücklich gelebt und erfahren werden kann, müssen die Bedürfnisse mitgeteilt werden. Auch und gerade in der Sexualität ist es wichtig, möglichst offen miteinander zu sprechen, da die Wünsche der Partner nur zum Teil »erfühlt« und deshalb auch nur zum Teil »erfüllt« werden können. Die Scheu, darüber zu sprechen, ist einer der Hauptgründe dafür, daß gemein-

same Sexualität häufig nicht so befriedigend ist, wie sie sein könnte.

In der 5. Sitzung sprechen deshalb die Partner miteinander über ihre Sexualität.

Sitzung 6: Christliche Ehe:
Sowohl im katholischen als auch im evangelischen Trauritus findet eine ausgesprochen symbolhafte Sprache Verwendung. Symbole haben die Eigenschaft, daß sie vielfältige, manchmal sogar konträre Vorstellungen und Gefühle in uns wecken und auslösen können. Deshalb ist es sinnvoll, daß die Partner, die kirchlich heiraten wollen, die symbolhafte Sprache des Trauritus für ihr eigenes Leben aufschlüsseln.

In der 6. Sitzung klärt das Paar anhand des Trautextes das jeweils ganz persönliche Verständnis von christlich gelebter Ehe. Es soll herausgefunden werden, welche Bedeutung und welche konkreten Konsequenzen dies für das alltägliche Zusammenleben hat.

Durchführung des EPL-Programmes:
Jeweils zwei ausgebildete Trainer (eine Frau und ein Mann) führen mit 4 Paaren einen EPL-Kurs durch. Die Kurse werden meist angeboten: an 6 Abenden (1 Abend pro Woche zu je zweieinhalb Stunden) oder an einem Wochenende von Freitag Abend bis Sonntag Nachmittag.

Die Aufgaben der Trainer lassen sich in drei Bereiche gliedern:

1. *Einführung in den jeweiligen Themenkreis durch Kurzvorträge, Demonstrationen, Übungsanleitungen:*

Die Einführung in die jeweiligen Themenkreise wird eher knapp gehalten, um den Paaren möglichst viel Zeit für ihre Gesprächsübungen einzuräumen. In den Kurzvorträgen, die nicht länger als fünf Minuten dauern, werden den Paaren nur die notwendigsten Zusammenhänge verdeut-

Die 6 EPL-Sitzungen im Überblick:

Vermitteln und Einüben der grundlegenden Kommunikations- und Problemlöse-fertigkeiten	*1. Sitzung* Sprecher- und Zuhörerfertigkeiten
	2. Sitzung Äußern negativer Gefühle
	3. Sitzung Probleme lösen
Anwendung der erlernten Fertigkeiten an speziellen Themenkreisen	*4. Sitzung* Erwartungen an die Ehe
	5. Sitzung Sexualität
	6. Sitzung Christliche Ehe

licht. Bei den Demonstrationen handelt es sich um kurze Rollenspiele, die den Paaren plakativ typische Fehler im Gespräch als auch die anschließend einzuübenden Kommunikationsfertigkeiten veranschaulichen sollen. Die jeweiligen Übungsanleitungen müssen kurz und präzise gegeben werden, damit den Paaren Sinn und Vorgehen der Übungen verständlich werden.

2. *Leitung des Gruppengespräches*:

Nach jeder Paarübung trifft sich die Gruppe zu einem kurzen Austausch, bei dem jeder Teilnehmer Gelegenheit bekommt, seine Erfahrungen mitzuteilen.

Dabei achten die Trainer darauf, daß die Teilnehmer spezifische Rückmeldung zu ihren Erfahrungen mit den gelernten Regeln geben können und nicht etwa von der Gruppe gedrängt werden, Inhalte des persönlichen Gespräches preiszugeben. Deshalb strukturieren die Trainer das Gruppengespräch, indem sie auch in der Gruppe auf Regeleinhaltung achten und selbst durch regelgemäßes Verhalten, wie zum Beispiel durch »Aufnehmendes Zuhören« und »Zusammenfassen« der Rückmeldungen Modellfunktion für die Gruppenteilnehmer übernehmen.

3. *Formale Begleitung der Paargespräche*:

Die wichtigste und zugleich schwierigste Aufgabe der EPL-Trainer besteht in der formalen Begleitung der Paargespräche. Jeder Trainer betreut dabei abwechselnd zwei Paare. Die Gespräche zwischen den beiden Partnern, die auch den größten zeitlichen Umfang im EPL einnehmen, werden als die wesentlichen Wirkfaktoren erachtet. Hier müssen die Paare unmittelbar positive Erfahrungen mit dem neuen Gesprächsverhalten sammeln können, Gespräche nach den Regeln mit ihrem individuellen Stil verbinden, so daß ein langfristiger Lerntransfer ermöglicht wird. Deshalb sorgen die Trainer zunächst für einen geschützten Gesprächsrahmen, in dem jedes Paar ungestört und unbeobachtet von den anderen miteinander sprechen kann und negative Gesprächserfahrungen mit dem eigenen Partner, wie z. B. Vorwürfe, Kränkungen etc., weitestgehend ausgeschlossen sind. Dazu gehört, daß die Trainer zum Gesprächsinhalt nicht Stellung nehmen, indem sie z. B. werten und dadurch Gefahr laufen, als »Schiedsrichter« oder »Verbündeter« eines der beiden Partner zu erscheinen. Die Trainer gehen darum ausschließlich auf die Form des Gesprächs ein, indem sie die Einhaltung der Gesprächsregeln durch kurze verbale und nonverbale Signale verstärken, Regelverletzungen sofort korrigieren und alternativ dazu den Regeln entsprechendes Verhalten vorschlagen. Dieses Eingreifen der Trainer muß schnell und gezielt erfolgen. Einen kleinen Einblick, wie so etwas aussehen kann, finden Sie in Kapitel 4. Dies setzt eine solide Ausbildung zum Kommunikationstrainer und eine regelmäßige Supervision voraus.

3.2 Derzeitige Verbreitung des EPL

Mittlerweile verfügt das EPL über mehr als 1200 ausgebildete Trainer aus allen alten Bundesländern, Österreich, Luxemburg, Südtirol und der Schweiz. Die Kurse wurden inzwischen in die Angebote zur Ehevorbereitung aufgenommen.

3.3 Warum wirkt EPL?

Die Wirksamkeit der EPL-Kurse ensteht unseres Erachtens nicht durch einige isolierbare, besonders wirksame Elemente, wie möglicherweise bestimmte Sitzungen, Übungen oder einzelne Kommunikationsregeln, sondern aus der durch den gesamten Kursaufbau kontrollierten Dynamik der Selbsterfahrung im intensiven Paargespräch – unterstützt und geschützt durch die kontingenten (unmittelbaren) und nicht inhaltlichen Interventionen der Trainer. Es erfolgt also ein unmittelbarer Lerntransfer durch das Zusammenwirken (Synergieeffekt) mehrerer methodischer und personaler Faktoren. Diese nach Möglichkeit positive Selbsterfahrung im Paargespräch muß vorbereitet (Vorträge, Videodemonstrationen, graduelle Steigerung) und nachbereitet werden (Auswertungsrunden, Anregungen für häusliche Übungen etc.). Dies alles geschieht im EPL sehr sorgfältig:

Im Zentrum jeder Sitzung steht jeweils das Paargespräch. In den ersten beiden Sitzungen werden den Paaren die Themen größtenteils noch vorgegeben. Auf diese Weise sollen konfliktauslösende Situationen zunächst vermieden werden, da sie das Einüben der Kommunikationsfertigkeiten behindern würden. Paarkonflikte rücken mit der dritten Einheit, ab der die Paare sich ihre Themen selbst auswählen, mehr in den Vordergrund. Die Teilnehmer können diese dann mit Hilfe der vorher erlernten Regeln angehen und zu lösen versuchen.

Ein wesentliches Merkmal des EPL-Kurses ist deshalb der graduelle Aufbau seiner Paarübungen. Alle zentralen Gesprächsfertigkeiten werden den Paaren zuerst spielerisch vermittelt, um sie dann in zahlreichen Rollenspielen und echten Paargesprächen einüben zu lassen.

Diese Übungen sind sowohl methodisch als auch thematisch nach Schwierigkeit gestaffelt. Erst wenn die Paare in Rollenspielen mit fiktiven Themen ausreichend Erfahrung sammeln konnten, werden sie aufgefordert, eigene Themen zu wählen und diese mit dem bereits eingeübten Gesprächsverhalten anzugehen.

Alle methodischen (Kursaufbau) und personalen (Trainerinterventionen) »Elemente« unterstützen sich also in ihrer Wirkung gegenseitig und sorgen dafür, daß die einzelnen Teilnehmer:

- Einsicht in die Konsequenzen von negativen und positiven Umgangsmöglichkeiten mit dem Partner erlangen,

- eigene Kommunikationsfehler schnell bemerken,
- konstruktive Kommunikationsmöglichkeiten mit ihrem individuellen Stil verbinden und dauerhaft in ihr Verhaltensrepertoire übernehmen,
- die Zeit für den partnerschaftlichen Austausch in den Übungen nutzen können, um den Partner, seine Erwartungen und Wünsche, seine Vorstellungs- und Gefühlswelt noch besser kennen zu lernen. Dies geschieht häufig in den letzten drei Sitzungen, in denen die Kommunikationsregeln in Verbindung mit Konflikt- und Problemlöseübungen bereits gelernt wurden. Die Paare ernten in den thematischen Sitzungen 4–6 sozusagen die Früchte der ersten drei Einheiten, da hier kein neuer Lernstoff mehr hinzu kommt. Häufig wird gerade in diesen längeren gemeinsamen Gesprächen, z. B. über die eigenen Wünsche und Vorstellungen zur sexuellen Begegnung, eine zusätzliche Faszination zwischen den Partnern entfacht.

3.4 Das EPL in der wissenschaftlichen Begleitung

In zahlreichen wissenschaftlichen Studien wird seit Jahrzehnten der Frage nachgegangen, welche Ursachen sich für das Scheitern von Beziehungen finden lassen, um daraus Anhaltspunkte für präventive Maßnahmen ableiten zu können. Drei wesentliche Aspekte standen dabei immer wieder im Mittelpunkt:

Sozioökonomische Faktoren, wie z. B.:
Arbeitslosigkeit, Wohnverhältnisse, Beruf und Einkommen;

Persönlichkeitsfaktoren, wie z. B.:
Temperamentsunterschiede, unterschiedliche Gewohnheiten und Interessen;

Beziehungsfaktoren (also Kommunikation im weitesten Sinne), wie z. B.:
Gesprächsverhalten, Austausch von Zärtlichkeit).

Dabei zeigt sich (s. Hahlweg 1986), daß den Beziehungsfaktoren und dabei besonders dem Gesprächsverhalten die größte Vorhersagekraft für das Glücken oder Scheitern einer Paarbeziehung zukommt.

Kurz gesagt: Für den Verlauf einer Partnerschaft sind weniger die auftretenden Probleme entscheidend als die Art und Weise, wie die Partner dabei miteinander umgehen. Oder noch einmal anders formuliert: Ich kann trotz ungünstiger äußerer Umstände und trotz unterschiedlicher Persönlichkeiten noch mit meiner Partnerschaft zufrieden sein, während ich trotz günstiger äußerer Umstände und ähnlicher Persönlichkeiten in meiner Partnerschaft unglücklich werden kann – nämlich dann, wenn die Kommunikation nicht stimmt.

Glücklicherweise läßt sich für eine günstige Kommunikation leichter und schneller etwas tun, als für die Veränderung ungünstiger äußerer personaler Konstellationen.

In dieser Hinsicht Mut macht ein amerikanisches Projekt, auf dessen Erkenntnisse wir unser EPL ausrichteten.

Dieses von Howard Markman (1987) durchgeführte Programm (PREP = Premarital Relationship Enhancement Program) besteht aus einem vergleichbaren Kommunikationstraining und zeigt einige beeindruckende Langzeitergebnisse:

- Die amerikanischen PREP-Paare haben die vermittelten Kommunikationsfertigkeiten dauerhaft gelernt. Sie sind über die Zeit hinweg durchgehend besser in ihrer Kommunikationsstruktur als Kontrollpaare ohne Training.
- Gerade die entscheidenden, im Kurs eingeübten Fähigkeiten mit Konflikten angemessen umzugehen, bleiben bei den PREP-Paaren stabil.
- Die Zufriedenheit mit der Partnerschaft blieb bei den

PREP-Paaren über diesen Zeitraum von bislang 5 Jahren stabil, während sie in der Kontrollgruppe absank.

- PREP-Paare reagieren dabei in diesem Zeitraum 3 mal weniger mit gewalttätigen Handlungen (z. B. schubsen, schlagen, stoßen, mit Gegenständen werfen) als Kontrollpaare, können also konstruktiver mit Konflikten umgehen.
- Die Scheidungsrate bei trainierten Paaren ist nach 5 Jahren nur halb so hoch (!) wie bei den Kontrollpaaren.

Auch in unserem EPL, dem bislang weltweit größten psychologischen Interventionsprojekt in der Partnerschaftsforschung, wurden in den Jahren 1988 und 1989 zahlreiche Paardaten erhoben und in einer Langzeitstudie weiterverfolgt.

Die bisher vorliegenden Meßergebnisse zeigen, daß mit dem EPL ähnlich positive Resultate erzielt werden wie mit dem amerikanischen PREP: EPL-Paare erlernen die vermittelten Gesprächsfertigkeiten ausgesprochen dauerhaft, bleiben in ihrer Beziehung zufriedener als die Kontrollpaare und weisen eine vielfach geringere Scheidungsrate als diese auf.

3.5 Der präventive Ansatz des EPL

Der präventive Ansatz des EPL setzt sich zum Ziel, jungen Paaren schon möglichst früh Gesprächs- und Problemlösefertigkeiten zu vermitteln. Also eine Art Rüstzeug, mit dessen Hilfe die Partner auftauchenden Problemen besser begegnen können. Gerade dadurch können sie sich mit ihren unterschiedlichen Bedürfnissen fair entgegenkommen und so ihre Beziehung auch langfristig befriedigend gestalten.

Paaren soll also nicht erst in Krisensituationen fachlich qualifizierte Hilfe angeboten werden. Attraktive Lernangebote für das Leben zu zweit gehören an den Beginn der

Partnerschaft, in die Phase, in der die positiven Gefühle noch sehr deutlich vorherrschen.

Effektive Prävention bedeutet, Methoden einzusetzen, die es den Paaren erlauben, durch intensive Erfahrung und echtes Einüben unmittelbar einen Nutzen für ihre Beziehung zu erleben.

Nur so kann man überhaupt davon ausgehen, daß die vermittelten Inhalte auch dauerhaft gelernt werden und im Alltag Anwendung finden. Bloße Vorträge, auch wenn sie noch so eingängig klingen, sowie gutgemeinte Anregungen und Denkanstöße reichen für einen Lerntransfer nicht aus.

EPL kann und will kein Ersatz für Ehe/Partnerschafts-Beratung oder -Therapie sein. So halten wir z. B. die gegenseitige Sympathie der beiden Partner für eine Grundvoraussetzung, daß das Paar sich überhaupt auf den Kurs einlassen und dementsprechend davon profitieren kann.

Allerdings zeigt unsere Erfahrung, daß Paare, die an einem EPL-Kurs teilgenommen haben und trotzdem im Verlauf ihrer Beziehung auf Probleme stoßen, die sie allein nicht mehr lösen zu können glauben, bereitwilliger Hilfe von Dritten (Beratung/Therapie) annehmen können. Die positive Erfahrung mit EPL-Trainern scheint auch Mut zu machen, sich im Notfall an Fachleute zu wenden.

Viele EPL-Paare äußerten den Wunsch nach einer gelegentlichen Auffrischung des Gelernten. Wir entwickelten deshalb einen speziellen eineinhalbtägigen Auffrischungskurs (APL).

Für Paare in mehrjährigen Beziehungen wurde von uns – auf der Basis von EPL – ein umfangreicherer, speziell auf die Bedürfnisse dieser Zielgruppe ausgerichteter Kurs entwickelt. Dieses Training heißt „Konstruktive Ehe und Kommunikation (KEK) – Ein Programm zur Weiterentwicklung von Partnerschaft“, umfaßt zwei Wochenenden und erfreut sich ebenfalls wachsender Verbreitung im deutschsprachigen Raum.

4. Drei Paare, wie sie jede(r) kennt, zwei Trainer, wie wir sie kennen, in einem EPL-Kurs, wie Sie ihn vielleicht kennenlernen

In den vorangegangenen Kapiteln beschrieben wir Ihnen unser Kommunikationstraining für junge Paare, das EPL.

Vielleicht haben Sie sich dabei im stillen gefragt, welche Paare das wohl sind, die so einen Kurs besuchen.

Darauf können wir Ihnen nur antworten: »Ziemlich unterschiedliche« und »ziemlich normale« Paare.

Doch damit das Ganze nicht so theoretisch bleibt, wollen wir Ihnen drei EPL-Paare vorstellen, die wir uns zugegebenermaßen ausgedacht haben. Allerdings haben wir uns dabei von unseren Erfahrungen als Trainer mit zahlreichen »echten« Paaren inspirieren lassen.

4.1 Drei »typisch riskante« Paarkonstellationen

Wir haben uns für Sie drei Paare ausgedacht, die in leicht überspitzter Form, aber hoffentlich für Sie gut nachvollziehbar und auf sympathische Art und Weise, ganz »typische« und leider auch »riskante« Paarkonstellationen veranschaulichen sollen.

Da sind zum einen Friedemann Heger und Clementia Pfleger. Sie bilden ein sogenanntes »idealisierendes Paar«. Idealisierende Paare sind Paare, die, aus welchen Gründen auch immer, ihren ganzen Ehrgeiz darein setzen, in ihrer Beziehung nur das Schöne, Angenehme und Glückliche wahrzunehmen. Negative Gefühle, Meinungsverschiedenheiten und Konflikte werden mit allen Mitteln verhindert, weggeschoben, nicht zur Kenntnis genommen. In solchen Partnerschaften besteht die Gefahr, daß beide sich um des lieben Friedens willen etwas vormachen. Da Konflikte nicht angesprochen bzw. häufig noch nicht einmal wahrgenommen werden können, stauen diese sich bis zu einem unerträglichen Maße an. Wenn es dann endlich zu konflikthaften Auseinandersetzungen kommt, ist die Lage häufig schon so verfahren, daß die Beziehung auseinanderbricht.

Zum zweiten wollen wir Ihnen Karl Nudel und Diana Holz vorstellen. In der Beziehung der beiden sind Macht und Einfluß ungleich verteilt. Wir sprechen deshalb von »einseitiger Dominanz«. Wie bei vielen anderen Paaren mit einseitiger Dominanz meint auch in unserem Beispiel die dominierende Person es mit dem Partner keinesfalls böse. Sie fühlt sich nicht nur für sich und die Beziehung, sondern auch für den Partner verantwortlich und entscheidet dementsprechend für beide. Wenn mir jegliche Verantwortung abgenommen wird, so kann ich das eine Zeit lang sogar als ganz angenehm empfinden. Bald jedoch wird das Gefühl, entmündigt zu werden, vorherrschen, und ich werde meinen dominierenden Partner in allem und jedem boykottieren, so gut ich nur kann. Umgekehrt wird sich mein Partner unverstanden und schließlich restlos überfordert fühlen. Das ist wohl die größte Gefahr für Beziehungen wie die der Nudel-Holzens: Beide geraten unter Druck, fühlen sich vom jeweils anderen getäuscht und ziehen sich schließlich enttäuscht und tief frustriert aus ihrer Partnerschaft zurück. Um so wichtiger ist es also, daß solche Paare möglichst früh Gefühle wie die oben beschriebenen nach allen Gesprächsregeln der Kunst zum Ausdruck bringen. Nur so läßt sich mehr Ausgewogenheit herstellen, die wiederum dringend nötig ist, um Partnerschaft auf Dauer befriedigend erleben zu können.

Und zum dritten gibt es da noch die bereits aus der Eröffnung bekannten Viktor Hick und Viktoria Hacker, ein klassisches Hick-Hack-Paar. Hier scheinen Macht und Einfluß in der Beziehung auf beide gleich verteilt zu sein. Bei genauerer Betrachtung wird jedoch schnell deutlich, daß dieses Gleichgewicht ziemlich instabil ist. Beide verhalten sich nämlich so, als müßten sie sich dem Partner gegenüber mit aller Kraft durchsetzen, um nicht ins Hintertreffen zu geraten, um nicht in ihrem »Paarkampf« als Verlierer dazustehen. Wohlgemerkt: Auch wenn die letzten Sätze recht negativ klingen, Viktor und Viktoria mögen sich trotz allem sehr gern. Und beide leiden sie unter diesem (wett-)kampfmäßigen Verhalten. Genau das ist auch die große Gefahr in solchen Beziehungen, da ein Großteil dieser Kämpfe ausgesprochen verletzend ausgetragen wird. Jede Verletzung aber reißt Wunden, die die gegenseitige Liebe langsam aber sicher schwinden lassen. Die wichtigste »Beziehungs-Arbeit« für die beiden – und alle ebenso gearteten Paare – wird darin bestehen, eine positivere, weniger verletzende Form des Gespräches zu entwickeln. Nur so wird sich bei beiden das nötige Vertrauen herausbilden können, die dahintersteckenden Gefühle selbst wahrzunehmen und dann auch dem anderen mitzuteilen.

Doch schauen wir uns jetzt erst einmal unsere drei Paare etwas genauer an. Gewisse Ähnlichkeiten mit Ihnen bekannten Personen – eventuell sogar mit Ihnen selbst – wären durchaus nicht rein zufällig.

4.1.1 Friedemann Heger und Clementia Pfleger und die Idealisierung

Friedemann ist 33 Jahre alt. Er stammt aus einem kinderreichen Elternhaus. Seine vier Geschwister (zwei Brüder und zwei Schwestern) und er hatten unter den Wutanfällen ihres Vaters viel zu leiden. Besonders wenn dieser abends völlig frustriert von seiner Fließbandarbeit heimkam, ging es bei Hegers recht lautstark zu. Seine Mutter, deren »böse Zunge« in der ganzen Nachbarschaft gefürchtet war, war die ideale Kampfpartnerin für Friedemanns jähzornigen Vater. So flogen während der zahlreichen elterlichen Auseinandersetzungen nicht nur sprichwörtlich die Fetzen.

Friedemann als der Älteste hatte alle Hände voll zu tun, seine vier Geschwister vor diesen unberechenbaren Ungewittern einigermaßen zu schützen. Und nur der »vornehmen Zurückhaltung« der Nachbarn war es zu »verdanken«, daß die fünf Kinder nicht behördlicherseits vor ihren eigenen Eltern in Schutz genommen wurden.

Auch stellte Friedemann sich schon sehr früh die Aufgabe, zwischen seinem Vater und seiner Mutter zu vermitteln; eine Aufgabe, an der jedes Kind zwangsläufig scheitern muß. Es war sehr schmerzlich für ihn, einsehen zu müssen, daß er seinen Eltern nicht aus ihrem Teufelskreis der Gewalt heraushelfen konnte. Aber eines schwor er sich damals: Falls er jemals eine eigene Partnerschaft eingehen oder sogar eine eigene Familie gründen sollte, dann würde er alles anders machen. Jede Form von Wut und Aggression würde er peinlich genau aus dem eigenen Hause herauszuhalten wissen. Wofür gebe es denn schließlich Boxhandschuhe und dazugehörige Sandsäcke oder deutsche Autobahnen ohne Geschwindigkeitsbegrenzung. Alles, alles ist für ihn besser als ein Streit oder auch nur ein lautes Wort, denn durch letzteres fühlt er sich zu sehr an das Streitverhalten seiner Eltern erinnert, das er aus ganzem Herzen verabscheut.

Friedemann schloß eine Lehre zum Landschaftsgärtner ab und ist heute noch in diesem Beruf tätig. Zu Zeiten des kalten Krieges war er sehr häufig auf – selbstverständlich friedlichen – Friedensdemonstrationen. Dort lernte er auch Clementia, eine Frau, die seinem Ideal von Friedfertigkeit entspricht, kennen und lieben.

Clementia, 34 Jahre alt, ist die älteste von drei Schwestern. Ihr Elternhaus hat sie in bester Erinnerung. Ihre Mutter ist eine stille sanftmütige Frau, die geduldig Clementias Großmutter bis zu deren Tode gepflegt hatte. Auch um die drei Töchter kümmerte sie sich in aufopfernder Weise. Allerdings litt sie damals häufig an heftigen Migräneanfällen, während denen sie absolute Ruhe benötigte.

Clementia machte es sich früh zur Aufgabe, in diesen Situationen ihre beiden um einige Jahre jüngeren Schwestern zu betreuen und dafür zu sorgen, daß sie keinen Lärm machten. Ihr Vater, der sich sehr um den Gesundheitszustand seiner Frau sorgte, jedoch wegen beruflicher Überlastung kaum zu Hause war, bestärkte Clementia noch in dieser Aufgabe. Sie spürte, wie dankbar er ihr war, und da sie ihren Vater sehr verehrte, machte sie seine Dankbarkeit außerordentlich stolz. Wenn Clementia an die wenigen Male zurückdenkt, als sie nicht »artig« war, sondern laut und frech und ungehorsam, dann empfindet sie heute noch Scham darüber, was sie ihren Eltern angetan hat. Dann sieht sie heute noch die entsetzten Blicke ihrer Mutter und die enttäuschten Blicke ihres Vaters vor ihrem geistigen Auge, die damals für sie die schlimmste Strafe waren. Trotz ausgezeichneter Schulnoten begnügte sich Clementia mit der mittleren Reife, half dabei aber ihren Schwestern, die beide auf das Gymnasium gingen, so gut sie nur konnte. Schon bald stand ihr Entschluß fest, Kindergärtnerin zu werden. Ihre Eltern hätten sich zwar einen »angeseheneren« Beruf für ihre begabte Tochter gewünscht, mußten jedoch selbst zugeben, daß sie die geborene Kindergärtnerin sei. Bei den Kindern ist Clementia heute noch beliebter als ihre Kolleginnen. Vielleicht ist sie es deshalb, weil sie die Kinder zuweilen direkt aufzufordern scheint, »laut und frech und ungehorsam« zu sein. Als sie Friedemann auf einer Friedensdemonstration trifft, ist sie schnell von seiner sanften Art eingenommen. Und als sie beim näheren Kennenlernen auch von seiner schlimmen Kindheit erfährt, liebt sie ihn nur um so mehr.

Sie wollen bald heiraten, weil sie nun schon seit gut zwei Jahren zusammenleben und stolz darauf sind, daß es noch keinen einzigen Streit zwischen ihnen gegeben hat. Deshalb betrachten sie den Prospekt über ein Kommunikationstraining für junge Paare, den sie in ihrer Gemeindekirche entdeckt hatten, erst einmal skeptisch. Sie bestätigen sich gegenseitig, daß sie sowieso im Umgang miteinander alles richtig machen. Trotzdem bleibt die Neugierde, ob es da vielleicht doch noch etwas dazuzulernen gibt, das ihrer eh' schon idealen Partnerschaft doch noch zugute kommen könnte. Und wenn nicht, dann wäre das doch eine schöne Bestätigung für sie, daß es in ihrer Partnerschaft absolut nichts mehr zu verbessern gibt. Mit dieser beruhigenden Aussicht in ihren Köpfen melden sich die beiden für einen Kurs an.

4.1.2 Karl Nudel und Diana Holz und die einseitige Dominanz

Karl ist 25 Jahre alt, zierlich, gutaussehend und Schreiner von Beruf. Er wuchs als mittleres Kind einer einfachen Arbeiterfamilie mit seinen beiden Schwestern auf. Sein Vater verstarb, als Karl sechs Jahre alt war, seine Mutter und seine 10 Jahre ältere Schwester sorgten alsdann tatkräftig für den Lebensunterhalt der Familie. Schon früh gewöhnte er sich an ein entsprechend zupackendes Frauenbild. Karls künstlerisch verträumte Neigungen sorgten immer wieder für Konfliktstoff in der Familie. Mit seinen Gedichten und Zeichnungen, die er als Kind anfertigte, wußte seine handfest denkende Mutter kaum etwas anzufangen. Als Karl 16 Jahre alt war, verfügte sie, daß er statt des Gymnasiums eine Schreinerlehre absolvieren sollte. Mit diesem Beruf hatte er nur leidlich Erfolg und Freude. Es gab hierbei auch wenig Gelegenheiten, ein passendes Mädchen zu finden, weswegen der schüchterne Karl bislang nur eine sporadische Freundschaft mit einer Schulfreundin erlebt hatte. Nach einigen Jahren Tätigkeit in der Schreinerei eines Onkels hatte sich Karl dazu durchgerungen, als Bühnenbildner beim Theater zu arbeiten und – um eventuell doch noch studieren zu können – nebenher am Abendgymnasium das Abitur nachzuholen.

Dort lernte Karl vor eineinhalb Jahren Diana kennen.

Diana unterrichtet dort als Studienrätin Deutsch und Geschichte. Karl imponierte Dianas Bildung, ihre souveräne Ausstrahlung, ihre Schlagfertigkeit und nicht zuletzt ihre sehr weibliche Erscheinung.

Diana, 30 Jahre alt, einziges Kind einer gutbürgerlichen Unternehmersfamilie, wuchs unter materiell wesentlich günstigeren Bedingungen heran. Ihre relativ alten Eltern sorgten für eine optimale Ausbildung bis zum Abitur, mit dem Ziel, ihr später einmal die eigene Möbelfirma zu übergeben. Wegen der aufreibenden Geschäftstätigkeit konnten sich Dianas Eltern nur unzureichend um sie kümmern. Das Mädchen lernte aber früh, sich Ersatzzuwendung durch ihre Geselligkeit, ihren Einsatz und ihre Hilfsbereitschaft bei Nachbarn und Schulkameradinnen zu holen. Sie gehörte immer zu den Besten in der Klasse und wurde regelmäßig zur Sprecherin derselben gewählt. Anderen Menschen etwas beizubringen, sich für sie einzusetzen, erschien ihr wesentlich sinnvoller, als sich ins gemachte Firmenbett der Eltern zu legen. So entschloß sich Diana, schon als kleines Mädchen immer ausgesprochen eigenwillig, den elterlichen Plänen nicht Folge zu leisten und statt eines betriebswissenschaftlichen Studiums das Lehramt anzustreben, worauf es zum Zerwürfnis mit den Eltern kam, die ihr fortan ihre Unterstützung entzogen. Während des Studiums war sie mit einem gleichaltrigen Kommilitonen befreundet, der sie nach vier Jahren plötzlich verließ, wie sie vermutete wegen einer äußerlich noch attraktiveren Frau. Nach ein paar Single-Jahren und einer mühsamen beruflichen Etablierung als eine von nur zwei Lehrerinnen an einem Abendgymnasium, glaubt sie in Karl endlich einen Mann gefunden zu haben, den sie heiraten möchte.

Ihr gefällt an ihm seine aufmerksame Art, seine Achtung ihr gegenüber, seine gelegentlich liebenswerte Unbeholfenheit in Gesellschaft, seine unbedingte Treue und vieles mehr.

Beide verliebten sich sehr rasch ineinander und leben seit

zwei Wochen in einer frisch bezogenen Wohnung zusammen. Sie denken an Heirat.

Als Diana aufgrund eines Rundfunkberichts vom EPL-Kommunikationstraining erfährt, notiert sie sich spontan die Telefonnummer zur Anmeldung und läßt diese erst einmal in den unergründlichen Tiefen ihrer Handtasche verschwinden.

Eines Abends, als sie die unbändige Lust packte, mal wieder tanzen zu gehen, erntet sie nur ein indifferentes »meinetwegen, wenns denn sein muß« ihres weniger tanzwütigen Karls. Diana fällt auf, daß ihr mit solchen Antworten jegliche Stimmung verdorben wird und sie eigentlich höchst selten weiß, was ihr Lebensgefährte nun wirklich will oder auch nicht will. Eine klare Artikulation seiner Wünsche würde seiner Persönlichkeitsentwicklung gut zu Gesicht stehen, und sie erinnerte sich wieder an das Kommunikationstraining.

In ihrer unnachahmlichen Entschlossenheit meldete sie sich und Karl für den nächsten Kurs an. Karl wurde das Vorhaben beim Abendessen mitgeteilt:

»Du Schatz, ich habe für uns am übernächsten Wochenende ein Kommunikationstraining für Paare gebucht, das scheint eine recht gute Sache zu sein und wird auch dir sicherlich viel bringen.«

»Ja aber, das kostet doch bestimmt einen Haufen Geld ...«

»Mach dir da mal keine Sorgen – das kostet uns fast gar nichts – und im übrigen könnten wir ruhig mal wieder was für unsere Beziehung tun.«

»Na ich weiß nicht ...«

»Jetzt maul nicht rum, das wird dir bestimmt gefallen.«

»Na da bin ich ja mal gespannt. Du immer mit deinen Überraschungen ...«

»Was heißt hier ich immer? Du könntest ruhig mal dankbar sein, daß ich mir immer was für uns einfallen lasse, oder?«

»Ist ja gut, ich sag ja gar nichts mehr.«

4.1.3 *Viktor Hick und Viktoria Hacker und die zweiseitige Dominanz*

Viktor ist 31 Jahre alt. Er ist ein Einzelkind aus sehr angesehenem Hause. Sein Vater, ein bekannter Rechtsanwalt, führte ein strenges Regiment in Viktors Elternhaus. Was für ihn zählte, war ausschließlich Leistung. Die ein wenig träumerisch veranlagte Mutter konnte sich mit ihren künstlerischen Neigungen in dieser Ehe nicht entfalten. Viktor liebte das Wesen seiner Mutter sehr, identifizierte sich aber doch bald mit dem Leistungsdenken seines Vaters. Schon als kleiner Junge trat er einem Leichtathletikverein bei und trainierte dort wie ein Besessener, bis sich die ersten Erfolge in Wettkämpfen einstellten. Als er dann ins Gymnasium kam, begann für ihn eine schwere Zeit. Wollte er doch seine sportlichen Erfolge beibehalten oder sogar noch vergrößern und zugleich den Schulstoff mit Bravour bewältigen. Mit eiserner Disziplin schaffte er beides. Nach dem Abitur begann er – zum Leidwesen seines Vaters (»Du hättest einmal meine Kanzlei übernehmen sollen«) – ein naturwissenschaftliches Studium, das er ebenfalls mit großem Erfolg abschloß. Heute ist Viktor als Biochemiker an einem renomierten Forschungsinstitut tätig. Um Mädchen hatte sich Viktor relativ wenig gekümmert, obwohl er mit seinem athletischen Äußeren und seiner Bildung nicht gerade unbegehrt war. Ein paar kurze Freundschaften dienten lediglich dazu, seine Erfolgsliste auch in diesem Bereich ein wenig anwachsen zu lassen. Doch das änderte sich mit Viktoria.

Viktoria, 29 Jahre alt, kommt aus sehr einfachen Verhältnissen. Sie ist das zweite von drei Geschwistern. Vater und Mutter waren, soweit sie zurückdenken kann, beide berufstätig, um der Familie einen gewissen Lebensstandard bieten zu können. An die Kinder wurden relativ wenig Anforderungen gestellt. Zumindest für Viktoria und ihre ältere Schwester reichte es völlig, solange sie den schulischen Anforderungen einigermaßen gerecht wurden. Lediglich ihr kleiner Bruder wurde aufgrund einiger guter Zensuren (wie sie genau betrachtet auch die beiden Mädchen aufweisen konnten) als begabt eingeschätzt und auf die höhere Schule geschickt. Viktoria konnte das damals noch nicht einmal als Ungerechtigkeit empfinden. Sie besuchte ihre Realschule, schloß sie mit leidlich guten Noten ab und begann eine kaufmännische Lehre. Während dieser Zeit konnte sie sehen, wie ihre Eltern bei dem vergeblichen Versuch, doch noch zu ein wenig Wohlstand zu gelangen, immer mehr verbitterten; wie ihre ältere Schwester reich heiratete und binnen weniger Monate in dieser Ehe totunglücklich wurde; wie ihr kleiner Bruder auf dem Gymnasium scheiterte und seither seinen Lebensunterhalt mit ebenso lukrativen wie zwielichtigen Geschäften fristet. Spätestens von da an war ihr klar, daß sie ihr Leben nicht in den Dienst des Geldes stellen wollte. Nach abgeschlossener Lehre nahm sie einen Posten als Sekretärin an einem medizinischen Institut der Universität an, den sie heute noch innehat. Hier ist die Bezahlung zwar nicht besonders gut, Aufstiegsmöglichkeiten sind so gut wie nicht vorhanden. Dafür hält sich ihr Arbeitsaufwand sehr in Grenzen. Das ist ihr sehr wichtig, weil sie dadurch genügend Zeit für ihre diversen Hobbys findet. Gegen den Widerstand ihrer Familie und der meisten ihrer Freundinnen läßt sie sich für die schöngeistigen Dinge des Lebens begeistern. So besucht sie, wann immer es ihre Zeit erlaubt, Volkshochschulkurse oder Universitätsvorlesungen über Literatur, Malerei und Musik. In den Beziehungen, die sie bisher hatte, waren ihr die Männer schnell entweder zu erfolgsorientiert und/oder zu desinteressiert erschienen. So richtig verstehen, dachte sie sich, konnte sie bisher jedenfalls noch keiner. Doch dies, hoffte sie, würde mit Viktor anders werden.

Viktor und Viktoria lernten sich auf der Türschwelle

eines mikrobiologischen Labors kennen. Beide hatten sie sich gerade über ein und den selben Professor geärgert. Sie schauten sich damals ein wenig länger in ihre vor Wut geröteten Gesichter, als dies zwischen männlichen Studenten und weiblichen Angestellten des Institutes üblich war. Vielleicht würden sie heute bestreiten, daß der gemeinsame Ärger sie verband. Wahrscheinlich würden sie sich auch nicht mehr daran erinnern, daß sie dieses zornig trotzige, hübsche Gesicht des jeweils anderen magisch anzog. Jedenfalls verabredeten sie sich und lernten sich schnell näher kennen und lieben. Viktor war und ist fasziniert von dieser Frau, die sich gegen so viele Widerstände ihr eigenes Leben eingerichtet hat. Sie erkämpft sich die Werte, die ihr wichtig sind, auch gegen die Überzeugungen ihrer Umgebung. Unbewußt hätte er sich ein solches Verhalten wohl sehnlich von seiner allzu nachgiebigen Mutter gewünscht. Auch Viktoria ist von der Stärke dieses Mannes begeistert. Hatte er sich doch aus dem gemachten Nest davongemacht, um seinen eigenen – zugegebenermaßen erfolgsorientierten – Weg zu gehen. Zudem reizt sie Viktors Bildung, die dieser quasi mit der Muttermilch mitbekommen hatte, während sie sie sich mühsam aneignen mußte.

So ist es auch kein Zufall, daß der letzte heftige Streit zwischen den beiden in der gutbestückten Bibliothek von Viktors Vater ausbrach. Sie waren von Viktors Eltern zum Mittagessen eingeladen. Beide waren sie von ihren Appartements mit ihren eigenen Wagen vorgefahren. Nach dem Essen begab sich Viktoria in ihren Lieblingsraum, die Bibliothek. Während sie Viktor von all den faszinierenden Werken um sie herum vorschwärmte und ihm – sehr indirekt – Vorwürfe machte, daß er die Bibliothek seines Vaters so wenig nütze, meinte er nur trocken, daß die ganze Bildung seinen Alten auch nicht davor hätte bewahren können, ein Familientyrann zu werden, und deshalb pfeiffe er auf all dies bedruckte Papier. So gab ein Wort das andere, bis beide, müde vom gegenseitigen Anschreien, sich wieder mal der Unsinnigkeit ihrer Form des Streitens bewußt wurden. Noch leicht verheult erzählte Viktoria ihrem Viktor von einer Ausschreibung über ein Kommunikationstraining für junge Paare, auf die sie bei ihrer Suche nach Fortbildungsseminaren gestoßen war. Viktor war erst sehr abwehrend, doch erinnerte ihn sein jüngstes Streitgebrüll zu sehr an seinen Vater, als daß er gewagt hätte, zu behaupten, er hätte so ein Gesprächstraining nicht nötig. Für die beiden war die gemeinsame Anmeldung zum Kurs eine Art von Versöhnungsakt. Daß beide eher skeptisch waren und wild entschlossen, sich nicht irgendetwas von den Kursleitern einreden zu lassen, was ihnen nicht paßte, das behielten sie lieber für sich.

4.2 Individuelle Schwierigkeiten (und Stärken) dieser Paare im Kurs und ihre Fortschritte

Nachdem wir Ihnen nun die drei Paare näher vorgestellt haben, wird es Zeit, Ihnen anhand von jeweils einem Gesprächsbeispiel zu zeigen, auf welche Schwierigkeiten diese im EPL stoßen und welche Möglichkeiten ihnen umgekehrt dieses Programm bieten kann.

Da alle sechs EPL-Sitzungen schwerpunktmäßig aus Paargesprächs-Übungen bestehen, die von den teilnehmenden Paaren als sehr intensiv erlebt werden, sind deren Erfahrungen so vielfältig, daß wir uns in diesem Buch auf jeweils nur ein Beispiel pro Paar beschränken müssen.

4.2.1 Karl und Diana im EPL-Paargespräch

Für unser Nudel-Holz Paar, das Ihnen die Paarkonstellation der einseitigen Dominanz verdeutlichen soll, wählen wir die Paargesprächsübung aus der ersten EPL-Sitzung. In der ersten Sitzung erarbeiten sich die Paare die wichtigsten Gesprächsregeln, indem sie zuerst aus einem von den

Trainern vorgeführten, sehr unfruchtbaren und verletzenden Streitgespräch die Kommunikationsfehler heraussammeln und daraus dann die Regeln ableiten. Im Anschluß werden diese für manchen doch recht neuen oder zumindest ungewohnten Regeln in der gleich geschilderten Paarübung an einem für die jeweiligen Teilnehmer positiven Thema eingeübt. Positiv muß das Thema deshalb sein, weil sich die Paare in der ersten Gesprächsübung mit einem belastenden Thema leicht überfordert fühlen und sich dementsprechend nicht auf ihre Gesprächsregeln konzentrieren könnten. Die Paare zur Besprechung von Konfliktthemen aufzufordern, ist erst sinnvoll, wenn die Gesprächsregeln durch vorausgegangene Rollenspiele und Übungen ausreichend vertraut sind.

Karl und Diana sollen anhand eines freigewählten positiven Themas die Gesprächsregeln üben. Sprecher- und Zuhörerrolle bleiben vorerst noch streng getrennt, um die Paare nicht zu überfordern.

In dem folgenden Gesprächsbeispiel sind auch die Interventionen einer unserer Trainerinnen enthalten. Diese werden zum Teil in Fußnoten kurz erläutert. EPL-Trainer intervenieren allerdings in der Regel häufig etwas frühzeitiger, als in den Gesprächsausschnitten dargestellt. Damit versuchen wir einen optimalen Lerneffekt in kurzer Zeit zu erreichen. Zudem wird dadurch vermieden, daß ein Gespräch auch nur leicht eskaliert.

Damit Sie als Leser aber einen kleinen Eindruck davon gewinnen können, zu welchen teilweise ganz und gar nicht »regelgerechten« Verhaltensweisen im Gespräch unsere hier dargestellten Partner tendieren, verzichten wir lieber auf die Beschreibung eines sofortigen Eingreifens der Trainer in den Gesprächsverlauf.

Der besseren Lesbarkeit zuliebe wird auch die unter »3.« beschriebene »Kontingente Verstärkung« durch die Trainer nicht in den Text aufgenommen. (Sie erinnern sich? Durch kurze verbale und nonverbale Signale wird den einzelnen Partnern angedeutet, daß sie gerade richtig mit den Gesprächsregeln umgehen.)

So, nun aber zu Karl und Diana in ihrer ersten Übung:

Nachdem Birgit, die Trainerin (T.), nochmals kurz die Übung erklärt hatte, schickt sich Diana (D.) zielsicher an, mit der Sprecherrolle zu beginnen und Karl (K.) ihre Urlaubspläne darzulegen:

D.: »Also Karl, ich stelle mir vor, daß wir im Juni nach Holland fahren, uns dort Fahrräder ausleihen und die Deiche entlangradeln. Das ist gesund und interessant und schont deinen Geldbeutel.«

T. (souffliert Diana)*: »Bitte bleiben Sie nur bei sich und schildern Sie Ihrem Partner, warum Sie sich das wünschen . . .«

D.: »Ja, ich war halt noch nie in Holland, und ich möchte dort unbedingt mal hin. Weißt du, meine Großmutter hat dort vor dem Krieg gelebt und Großvater kennengelernt, und sie schwärmt heute noch davon.«

K. (faßt zusammen): »Also du möchtest in unserem Sommerurlaub Holland mit dem Rad erkunden und ein bißchen auf den Spuren deiner Großmutter wandeln.«

D.: »Mmh . . .«

K.: »Ja muß das unbedingt mit dem Rad sein?«

T. (souffliert Karl)**: »Bitte melden Sie ihr kurz ihr momentanes Gefühl zurück.«

* Diana stellt sich zwar etwas vor, erzählt Karl aber nicht, was das eigentlich mit ihr zu tun hat, stattdessen begründet sie auch noch, warum ihre Vorstellung eigentlich seinen Interessen dient. Hätte unsere Trainerin hier nicht kurz eingegriffen, hätte Karl wohl nicht so schnell erfahren, warum sich Diana etwas wünscht, sondern was er sich in ihrem Sinne wünschen sollte. Karl hätte sich dadurch leicht vereinnahmt fühlen können und hätte unter Umständen trotzig reagiert.

** Wenn Karl nicht mitteilt, warum er so fragt, als ob Dianas Wunsch eine Zumutung sei, klingt diese Frage vorwurfsvoll, und Diana wird sich höchstwahrscheinlich rechtfertigen, eine deutliche Gegenposition einnehmen, sich nicht akzeptiert fühlen und möglicherweise sogar einen Gegenvorwurf äußern.

K.: »Tja, der Gedanke an anstrengende Radtouren läßt mich dir kaum weiter zuhören. Ich habe eigentlich keine Lust, im Urlaub durch die Gegend zu keuchen.«
D.: »Ja glaubst du, ich wär da soo scharf drauf? Du beklagst dich doch immer, du hättest zuwenig Bewegung ...«
T. (souffliert Diana)*: »Bitte bleiben Sie jetzt einmal ganz bei ihren eigenen Gefühlen und Bedürfnissen ...«
D.: »Also gut. Ob wir das mit dem Rad oder mit dem Wagen machen, spielt für mich kaum eine Rolle. Ich will halt eine kleine Reise in die Vergangenheit meiner Familie unternehmen – und ich – und ich stelle mir das Ganze irgendwie recht romantisch vor.«
K. (stutzt, irgendwie kannte er diese Ader noch gar nicht): »Das finde ich ja ganz süß von dir, ich wußte gar nicht, daß du auch so träumerisch sein kannst. Und wie malst du dir diese Reise aus?«

Diana bleibt nun ganz bei sich und schildert detailliert den Ablauf ihres Wunschurlaubes, wobei sie Karl miteinbezieht. Karl kann ihr gut zurückmelden, bemerkt, daß ihm ihr Plan fast wie eine vorgezogene Hochzeitsreise vorkäme. Diana bricht in herzliches Lachen aus, Karl bricht ebenfalls in Lachen aus, die Trainerin bricht die Übung zufrieden ab und freut sich, daß dieses erste, noch sehr kurze Gespräch nach den Regeln und mit ungewöhnlichen Vorgaben so gewinnbringend verlaufen ist. Sie ist außerdem froh, daß bei diesem Paar ihre Interventionen ohne Widerstand aufgenommen wurden.

* Bei Diana wirkt offensichtlich Karls indirekt vorwurfsvolle Frage noch nach. Sie hatte wohl mit ihrem Wunsch mehr an Karl als an sich gedacht und hält ihm nun in anklagenden Du-Sätzen vor, sich widersprüchlich geäußert zu haben. So provoziert sie leicht eine unnötige Rechtfertigung bei Karl, (z. B. »Das stimmt doch gar nicht«) und die beiden würden eventuell auch noch vom Thema abkommen. Dabei müßte sie nur von sich selbst sprechen, um bei Karl ihre Chancen auf Akzeptanz und gutes Zuhören zu erhöhen. Genau dies schlägt die Trainerin vor. Und wie sie sehen, kommt gerade dann eine wichtige Selbstöffnung von Diana, durch die Karl etwas für ihn Neues von seiner Partnerin erfährt.

Als im Gegenzug Karl sich in der Sprecherrolle üben soll, tut er sich erst einmal relativ schwer, ein Thema zu finden, über welches er sprechen möchte.

Karl erzählt schließlich, wie er die gemeinsame Wohnung gestalten möchte. Nach einem kurzen Anlauf schildert er sehr ausführlich seine Pläne, verliert sich dabei fast in Details, ohne zu erwähnen, warum ihm dies und jenes so wichtig ist.

K.: ». . . ja und dann möchte ich die ganze Wohnzimmerdecke in Teakholz täfeln . . .«

D.: »Also jetzt mach mal einen Punkt. Ich finde deine Vorhaben ja recht interessant, aber das ist doch alles viel zu aufwendig, und wer soll's bezahlen? Doch nicht du . . .«

T.:* »Bitte drücken Sie nur Ihr momentanes Gefühl Ihrem Partner gegenüber aus und vermeiden Sie Du-Sätze und Wertungen.«

D.: »Also ich habe ganz einfach Angst, daß die Wohnung monatelang im Umbauzustand ist und ich zuviel Geld für Vorhaben ausgeben muß, so daß z. B. auch der Urlaub flachfällt. Ich versteh gar nicht, warum du soviel Aufwand betreiben willst?«

K.: »Ich finde das gar nicht soviel Aufwand, und so teuer stell ich's mir auch nicht vor.«

D.: »Aber das liegt doch auf der Hand. Du machst dir da keinerlei realistische Vorstellungen. Ich hab' schon zweimal eine Wohnung eingerichtet . . .«

*T.**:* »Bitte vermeiden Sie Du-Sätze und Beweisführun-

* Diana faßt Karls Wünsche und Vorstellungen nicht zusammen. Ihr Interesse an seinen Vorhaben entwertet sie, indem sie diese pauschal bewertet und mit einem Du-Satz gleich noch einen indirekten Vorwurf anhängt (daß Karl nicht daran gedacht hat, woran sie gerade denkt). Karl könnte sich so schnell gekränkt fühlen, wenn er dies nicht zum Ausdruck bringt, nur mit Rückzug oder Gegenzug reagieren – was dem Gespräch nicht gerade förderlich wäre. Ganz anders verläuft die nächste Sequenz, wenn Diana ihre Angst kundgibt und Karl offen fragt.

** Diana fällt es hier schwer, auf Karls Vorstellungen näher einzugehen. Sie versucht stattdessen, Karl davon zu überzeugen, daß seine Pläne nicht

gen. Fragen Sie doch einfach nochmal, warum ihm so sehr daran gelegen ist und bleiben Sie noch in der Zuhörerrolle.«

D.: »Also, warum sind dir diese Pläne so wichtig, und warum willst du soviel selber machen?«

K.: »Ich dachte, du verstehst das von selbst, einfach weil ich glaube, daß es Spaß macht – und weil ich momentan eh' wenig zu tun habe, könnte ich mich da voll reinhängen . . .«

D.: »Meinst du nicht, daß du dich da überforderst?

T.:* »Bitte fassen Sie erst zusammen.«

D.: »Gut. Dir macht die Sache Spaß. Kann ich verstehen – und du möchtest die Zeit, in der du jetzt nicht arbeitest, nutzen. Aber warum willst du in so großem Umfang tätig werden?«

T.: (verstärkt diese Passage ausdrücklich)

K.: »Im Grunde genommen habe ich auch das Gefühl, dir was schuldig zu sein. Du zahlst den Löwenanteil der Miete und wohl auch den Urlaub, solange ich noch keinen Job als Bühnenbildner habe. Und ich möchte das ungern so stehen lassen. Auch ist es mir peinlich, vor unseren Bekannten so dazustehen. Wenn ich für alle sichtbar die Wohnung schick einrichte, hätte ich das Gefühl, auch was geschaffen zu haben.«

T.: (zu Diana) »Was ist bei Ihnen angekommen?«

D.: »Es ist mir klar, daß du das ein Stück weit für deine Selbstbestätigung machst, und es freut mich, daß du's

realisierbar seien. Würde die Trainerin hier nicht eingreifen, könnte das Gespräch in einem vordergründig sachlichen Disput enden, indem Diana nichts über Karls Beweggründe erfährt. Diese Trainerintervention bietet außerdem Diana die Möglichkeit, ihre Zuhörerfertigkeiten zu verbessern und schützt Karl davor, sich gekränkt zurückzuziehen.

* Karl beginnt gerade von sich zu erzählen und wird sofort von Diana in Frage gestellt, er müßte sich sofort rechtfertigen. Wenn Diana das Verstandene erst einmal zurückmeldet, ihm dadurch signalisiert »ich hör dir zu, ich versuche dich zu verstehen«, gerät Karl nicht unter Druck und kann noch mehr aus sich herausgehen.

auch zum Teil für mich tun willst. Ich habe bis jetzt eigentlich noch nicht gewußt, daß dir die Tatsache, daß ich momentan besser verdiene, etwas ausmacht und es dir vor anderen sogar peinlich ist. Und wenn die Leute sehen, was du alles in der Wohnung gemacht hast, gleicht sich das irgendwie wieder aus?«

K.: »Ja, zumindest ein bißchen. Ganz abgesehen davon, daß es mir Spaß macht, Räume zu gestalten, und solange ich noch nicht die neue Arbeit angefangen habe, fehlt mir so eine Art Aktionsfeld.«

D.: »Also du möchtest dich auch kreativ austoben. Find ich gut. Andererseits möchte ich bei der Wohnungsgestaltung schon ein Wörtchen mitreden. Schließlich wohne ich ja auch drin'.«

K.: »Aber selbstverständlich. Ich werde Gnädigste bei jedem Detail um Ihre Zustimmung bitten.«

D.: »Was soll denn das nun wieder?«

T.:* »Einen Moment bitte, gerade lief's noch so gut, aber jetzt können Sie sich leicht in Vorwürfen verheddern und nicht mehr bei sich bleiben. Bitte bleiben Sie weiter in Ihren Rollen und vermeiden Sie Ironie und Vorwürfe. (zu Karl) Erzählen Sie Ihrer Partnerin, was im Moment in Ihnen vorgeht und warum.
(zu Diana) Melden Sie ihm das dann bitte gleich zurück und sagen Sie ihm, was Sie gerade gefühlt haben.«

K.: »Also, wie du gesagt hast, du wolltest ein Wörtchen mitreden, da habe ich mich wie ein kleiner Junge behandelt gefühlt, so was ähnliches haben sie zuhause auch immer gesagt, und deswegen habe ich ironisch reagiert.«

* Das Gespräch entwickelte sich gerade sehr günstig. Doch plötzlich taucht für Diana eine für sie bedrohliche Vorstellung auf (gemeinsame Wohnung = Aktionsfeld für Karl), sie reagiert in ihrer Art gereizt, Karl wiederum in seiner. Beide sind auf dem besten Wege, sich in ein unnötiges verbales Scharmützel zu begeben, um ihr Selbstwertgefühl zu schützen, indem sie den jeweils anderen an wunden Punkten treffen. Das Gespräch kann jetzt nur noch sinnvoll fortgesetzt werden, wenn das, was jetzt gerade in jedem vorgegangen ist, ausgesprochen wird.

D.: »So war's wirklich nicht gemeint. Ich wußte nicht, daß ich zufällig den Sprachgebrauch deiner Eltern verwendet habe. Aber mit dieser deiner Ironie könnte ich die Wände hochgehen, da konnte ich auch gar nicht mehr zuhören. Wenn du dich eben wie ein kleiner Junge gefühlt hast, kam ich mir wie eine verwöhnte Zicke vor. Das bin ich nun mal nicht. Ich hoffe, du siehst das ein!«

K.: (schweigt)

T.: (Die erste Übung mündet wider ihr Erwarten schon in einem Konflikt, die Übungszeit ist längst um, es gilt jetzt zum Schluß zu kommen, ohne das Gespräch »abzuwürgen«. Sie ärgert sich über den schulmeisterlichen Du-Satz, den Diana ihrer sonst so offenen Rückmeldung hinzugefügt hat, sieht aber angesichts der Zeit keine Möglichkeit mehr, nochmals einzuhaken.)
»Wir müssen jetzt leider die Übung gleich beenden. Wenn Sie möchten, können Sie das Thema in einer der nächsten Übungen, in denen mehr Zeit zur Verfügung steht, nochmals aufgreifen.
(zu Karl): Bitte sagen Sie doch kurz ihrer Partnerin, wie es Ihnen jetzt gerade geht.«

K.: »Ich fühl mich schon wieder so wie vorhin.«

D.: »Was stört dich denn?«

K.: »Irgendwie hast du da manchmal einen Sound drauf, den verputz' ich nicht ganz.«

D.: »Ich weiß jetzt auch nicht genau, was du meinst, aber wenn du willst, reden wir halt nachher noch darüber.«

K.: »Meinetwegen.«

Die erste Übung wird beendet. Für Konfliktstoff in der zweiten Sitzung scheint gesorgt zu sein. Vorläufig sieht es so aus, als ob gerade Dianas Ausrutscher in der Zuhörerrolle einem befriedigenderen Gespräch immer mal wieder im Wege stehen. Ihr rasches Eingehen auf die Trainerinterventionen zeigen jedoch ihre schnelle Lernfähigkeit. Sie hat wahrscheinlich von dieser ersten kurzen Übung etwas mehr profitiert als Karl, dessen Stärken und Schwächen im

Gespräch womöglich in einer anderen Übung, unter anderen Vorraussetzungen deutlicher werden.

In dieser ersten Übung ist sicher noch nicht abzusehen, welche Entwicklung dieses Paar im EPL-Kurs durchlaufen wird. Eine große Chance könnte darin bestehen, daß Diana merkt, wie fruchtbar es für ihre Beziehung ist, wenn sie es schafft, länger in der aktiven Zuhörerrolle zu bleiben und dadurch mehr von ihrem Partner erfährt. Wo sie ihn vorher interpretierte, kann sie nun offen nachfragen und braucht sich die Antworten nicht mehr selbst zu geben. Dadurch verhindert sie Mißverständnisse und erweckt nicht mehr den Eindruck, Karl zu bevormunden.

Karl dagegen könnte die positive Erfahrung machen, daß er seine Bedürfnisse klar und offen ansprechen kann, ohne gleich unter Rechtfertigungsdruck zu geraten (und dabei seine argumentative Unterlegenheit zu spüren). Das macht es ihm gleichzeitig leichter, Diana besser zuzuhören. Beide haben es dann auch nicht mehr nötig, kleine Spitzen oder allzu ironische Bemerkungen als Abwehrfunktion in ihren Dialogen einzusetzen. Wenn Diana und Karl im weiteren Kursverlauf diese Lernschritte vollziehen, wirkt sich das sicherlich ausgezeichnet auf das gegenseitige Verständnis und ihre Fähigkeit zur Tolerierung des Andersseins aus.

4.2.2 Friedemann und Clementia im EPL-Paargespräch

Als Gesprächsbeispiel für unser idealisierendes Heger-Pfleger Paar wählen wir die dritte Partnerübung aus der zweiten EPL-Sitzung. Die zweite Sitzung hat zum Thema das »Äußern negativer Gefühle«. Während in den ersten beiden Übungen dieser Sitzung den Paaren noch Konfliktthemen vorgegeben werden, damit sie sich daran spielerisch mit den Kommunikationsregeln vertraut machen können, suchen sie sich für diese dritte Übung ein echtes eigenes Thema aus, um es nach allen Regeln miteinander zu besprechen.

Friedemann und Clementia geraten zunächst in große Schwierigkeiten, überhaupt ein eigenes Problemthema zu finden. Sie haben in ihren sonst so unterschiedlichen Elternhäusern gelernt, daß Probleme, Meinungsverschiedenheiten, Unstimmigkeiten etc., kurz alles, was den Frieden stören könnte, unbedingt aus Partnerschaft und Familie herausgehalten werden muß. So haben beide sich »verboten«, in ihrer Beziehung Probleme auch nur zu sehen, geschweige denn sie anzusprechen.

Clementia zermartert sich ihr Gehirn, denn sie möchte ja ernsthaft weiterarbeiten. Aber vergeblich: Sie findet beim besten Willen kein Problemthema in ihrer Beziehung.

Als Trainer bin ich schon versucht, den beiden ein weiteres problemhaftes Rollenspielthema vorzugeben. Denn meine Erfahrung sagt mir, daß Paare instinktiv dazu neigen, für ihre Rollenspiele Themen auszuwählen, die sie unbewußt doch betreffen. Doch da sehe ich an Friedemanns Gesicht, daß ihm doch noch ein eigenes Thema eingefallen ist, das ihn sehr zu beschäftigen scheint.

Er denkt daran, daß es immer wieder Situationen gab, z. B. wenn er Ärger mit Arbeitskollegen hatte, in denen er sich nach dem Nachhausekommen gerne ein wenig zurückgezogen hätte, um in aller Ruhe darüber nachzudenken. Doch Clementia konnte ihm jedesmal den Ärger vom Gesicht ablesen und tat alles, um ihn abzulenken und wieder aufzuheitern. Dabei hätte er seinem Ärger gerne nachgespürt, nicht um ihn wie sein Vater zu Hause hemmungslos auszuleben, sondern um ihn ganz allein für sich noch einmal zu betrachten und zu bearbeiten, bis er ihn dann in einem nächsten Schritt seiner Clementia erzählt hätte.

Für Clementia dagegen ist dieses stille zurückhaltende Verhalten Friedemanns schier unerträglich. Wie sie es in ihrem Elternhaus gelernt hat, hält sie sich allein verantwortlich für die Stimmung, in der sich ihre Lieben befinden. Also muß sie sich umso liebenswerter und fürsorglicher betragen, um »den Haussegen wieder gerade zu hängen«. Da kann ihr Friedemann tausendmal sagen, daß er nichts habe, und wenn, daß es nichts mit ihr zu tun habe. Ihr geht es erst wieder gut, wenn er wieder zufrieden lächelt. Und dafür legt sie sich mächtig ins Zeug.

Friedemann ahnt ungefähr, was in solchen Situationen in Clementias Kopf vor sich geht. Deshalb nimmt er dieses Bedürfnis nach Rückzug auch nur mit einem schlechten Gewissen wahr. Trotzdem will er es diesmal riskieren. Er will die Chance, die das Gesprächstraining ihm dazu bietet, nützen, und dieses Thema endlich einmal ansprechen.

Er zögert noch. In seinem Gesicht spiegelt sich der Zwiestreit seiner Gefühle. »Soll ich meiner Partnerin wirklich sagen, was in mir in solchen Momenten vorgeht? Wie wird sie reagieren? Wie soll ich es ihr überhaupt sagen? Kann ich hier in diesem Rahmen überhaupt offen sein? Wird uns der Trainer weiterhelfen können, wenn's doch schiefgehen sollte? Umgekehrt steht jetzt das Problem ja deutlich im Raum. Zu Hause schaffe ich es wahrscheinlich eh' wieder nicht, es ihr zu sagen. Dann ziehe ich mich wieder schweigend zurück, und der Knatsch beginnt wieder von vorne.« Er gibt sich sichtlich einen Ruck und beginnt darüber zu sprechen, was ihn bewegt.

Nicht auf alte Verhaltensmuster zurückzugreifen, sondern bewußt etwas Neues auszuprobieren, gleicht oft dem Sprung ins kalte Wasser. Auch wenn ich mit dem, wie ich es bisher gemacht habe, nicht zufrieden bin, so weiß ich doch wenigstens, was daraufhin passieren wird. Und das gibt eine gewisse Sicherheit. Wenn ich mich anders als üblich verhalte, kann ich die Reaktion meiner Partnerin viel schlechter einschätzen, und das kann sehr verunsichernd wirken. Der Rahmen, den das Kommunikationstraining setzt, erleichtert diese Veränderung. Die Einhaltung der Regeln schützt beide vor Verletzungen. Auf diese Weise sammeln beide positive Erfahrungen mit ihrem neuen Gesprächsverhalten.

Er: »Ja also, es fällt mir jetzt ziemlich schwer darüber zu

sprechen, aber ich probier' es. Also, oft brauche ich einfach ein bißchen Abstand, dann möchte ich am liebsten allein sein. Einfach für ,ne kurze Zeit nichts hören und nichts sehen und nur abspannen.«

Sie: »Ja, da verstehe ich dich gut. Aber hast du denn nicht eh' schon mehr als genug Zeit für dich allein?«

Dieser im ersten Moment harmlos wirkende Satz steckt voller wichtiger Äußerungen, die leider in Kommunikationsfehler verpackt und deshalb sehr indirekt und für das ungeschulte Ohr nur schwer erkennbar sind. Formulierungen wie »das verstehe ich«, »das ist natürlich verständlich« usw. sind häufig nur Phrasen, die vorhandene Meinungsverschiedenheiten schnell unter den Tisch kehren sollen. Außerdem kann der jeweilige Sprecher nach solch einer Entgegnung noch nicht einmal sicher sein, ob er wenigstens akustisch richtig verstanden wurde. Viel nützlicher für das Gespräch ist deshalb ein kurzes Zusammenfassen des Gesagten. Das ist zum einen die beste Möglichkeit zu überprüfen, ob ich den Sprecher auch wirklich richtig verstanden habe; zum zweiten verlangsamt sich dadurch das Gespräch, so daß beide Zeit zum Nachdenken und »Nachfühlen« bekommen (der Sprecher z. B., ob das, was er gesagt hat, und das, was er empfindet, auch wirklich übereinstimmt; der Zuhörer z. B., was das eben Gehörte wirklich in ihm auslöst), und zum dritten signalisiert das Zusammenfassen dem Sprecher die Bereitschaft des Zuhörers, ihm aufmerksam zuzuhören und seine Aussagen auf ihn wirken zu lassen. Daß die Formulierung »Ja, da verstehe ich dich gut« auch in unserem Gesprächsbeispiel nur eine konfliktvermeidende Phrase und keine echte Überzeugung war, zeigt gleich der nächste Satz. Er beginnt mit dem Wort »aber«. Dieses »aber« stellt den Inhalt des vorausgehenden Satzes wieder in Frage, oder es widerlegt ihn sogar.

Und gleich die nächste Formulierung macht deutlich, daß die Zuhörerin Clementia ganz anderer Meinung ist als ihr Sprecher Friedemann. Sie nimmt eine eindeutige Wertung vor (»mehr als genug Zeit für dich allein«), die besagt, daß ihr Partner nach ihrem Gefühl viel zu wenig Zeit mit ihr zusammen verbringt.

Zusätzlich wird die ganze Aussage noch in eine Suggestivfrage verpackt (»hast du denn nicht eh' schon . . .?«), die suggerieren soll, daß Clementia sich an ihre Zuhörerrolle hält. Inhaltlich drängt diese Frage, die in Wirklichkeit gar keine ist, Friedemann als Sprecher allerdings gehörig in die Ecke, weil dieser Typ von Fragen die einzig erwünschte Antwort bereits vorgibt, es sei denn, Friedemann wagt es, sich massiv gegen diese Form der Beeinflußung zu wehren.

Für einen positiven Verlauf des Gespräches ist es besser, wenn Clementia, nachdem sie die Aussagen ihres Friedemanns zusammengefaßt hat, noch weitere Zuhörerregeln zur Anwendung bringt.

Z.B. könnte sie rückmelden, was das Gesagte in ihr auslöst. Sie könnte dabei etwa ihre Überraschung, ihre Enttäuschung, ihre Besorgnis etc. darüber zum Ausdruck bringen. Sie könnte auch Friedemann für seinen Mut, sich offen zu äußern, positive Rückmeldung geben. Und sie könnte dem Friedemann noch Fragen, diesmal allerdings »offene Fragen«, stellen; z. B. ob er insgesamt mehr Zeit für sich möchte oder ob er dies nur in ganz bestimmten Situationen und wenn ja, welchen, möchte. Zudem sollte an dieser Stelle Clementia als Zuhörerin noch klar gemacht werden, daß sie mit ihrer Sichtweise nicht zu kurz kommen wird, sondern diese ganz im Gegenteil ihrem Partner im darauffolgenden Gesprächsabschnitt umso besser wird nahebringen können, je besser sie jetzt ihre Zuhörerrolle wahrnimmt.

Alle diese Vorschläge gehören in die Intervention des Kommunikationstrainers, ohne daß er dabei inhaltlich Stellung beziehen darf. Eine geeignete Intervention könnte ungefähr so lauten:

»Nach solch einer Selbstöffnung Ihres Partners ist es ganz besonders wichtig, daß Sie als Zuhörerin kurz das zusammenfassen, was Sie aufnehmen konnten. Dadurch wird er sich verstanden fühlen und seinerseits ein aufmerksamer Zuhörer werden, wenn Sie ihm in einem späteren Abschnitt dieses Gespräches als Sprecherin Ihre Sichtweise des Themas darstellen werden. Nach dem Zusammenfassen können Sie Ihrem Parner kurz die Gefühle rückmelden, die das Gesagte hier und jetzt in Ihnen ausgelöst hat. Wenn Sie den Eindruck haben, er hat als Sprecher seine Sache gut gemacht, können Sie ihm dafür eine positive Rückmeldung geben. Und schließlich können Sie ihm noch offene Fragen stellen, um noch mehr von der Sache zu erfahren, z. B. könnten Sie ihn nach konkreten Situationen oder vielleicht nach einem ganz bestimmten Beispiel aus der näheren Vergangenheit fragen.«

In Clementias Gesicht ist deutlich die Selbstbeherrschung abzulesen, die jetzt nötig ist, um auf meine Vorschläge eingehen zu können. Ja, es fällt ihr schwer, Friedemanns Bedürfnis, das sie so ganz und gar nicht teilen kann, noch einmal aufzugreifen. Doch aufgrund der positiven Erfahrungen, die sie in den bisherigen Rollenspielen mit den Kommunikationsregeln machen konnte, läßt sie sich auf diese ein.

»Also, ich habe dich so verstanden, daß du oft einmal Abstand brauchst und dann am liebsten allein wärest, um richtig abspannen zu können. Mich überrascht dein Wunsch total, aber ich bin wirklich froh, daß du dieses wichtige Thema auch ansprichst. Jetzt möchte ich dich gerne noch fragen, was du unter »oft« verstehst? Kannst du mir vielleicht ein paar Situationen nennen, in denen es dir ganz besonders wichtig ist, dich zurückzuziehen?«

Ich kann aufatmen, Denn Clementia hat, indem sie alle fünf Zuhörerregeln einsetzte, ihr möglichstes getan, um das Gespräch mit ihrem Partner weiterhin in positiven Bahnen zu halten.

Und das ist der große Vorteil dieses Gesprächstrainings: Beide Partner werden beständig angeleitet, sich ausschließlich nach den Gesprächsregeln zu unterhalten, verletzende Formulierungen werden so weitgehend verhindert und eine konstruktive Ausdrucksweise gefördert. Auf diese Weise machen beide die positive Erfahrung, sich im Gespräch weiter hervorwagen zu dürfen, über die eigenen Gefühle und Bedürfnisse intensiver nachzudenken und diese dann auch dem Partner mitzuteilen.

Bei unserem Beispielpaar könnte das bereits begonnene regelgemäße Gespräch den beiden vielleicht folgende Einsichten bringen:

Durch Clementias aufmerksames Zuhören könnte Friedemann dazu ermutigt werden, sich selbst und seiner Partnerin einzugestehen, daß er manchmal entgegen seiner eigentlichen Bedürfnisse Clementias Nähe sucht, nur um sie nicht zu enttäuschen und einer Mißstimmung in der Beziehung vorzubeugen. Dann quält ihn freilich das schlechte Gewissen, weil er Clementia im Grunde etwas vorspielt, weil er in solchen Momenten nicht ehrlich zu ihr ist. Doch hatte er bisher einfach Angst davor, ihr das zu sagen, weil sie dann vielleicht glauben könnte, er liebe sie nicht mehr so wie früher. Dabei ist das Gegenteil der Fall. Wenn er sich guten Gewissens öfter mal zurückziehen könnte, in dem Wissen, daß sie das toleriert, wäre das für ihn ein weiterer Ausdruck ihrer gegenseitigen Liebe. Vielleicht wird ihm während dieses Gespräches auch deutlich, wie sehr seine Angst vor Konflikten und Mißstimmungen mit den Erfahrungen zusammenhängt, die er in seinem Elternhaus sammeln mußte und daß Auseinandersetzungen mit Clementia eine völlig andere Situation mit völlig anderen Möglichkeiten und Chancen darstellen, als er sie als Kind mit seinem gewalttätigen Vater hatte.

Umgekehrt könnte Clementia mit Hilfe von Friedemann als aufmerksamem Zuhörer zu der Einsicht gelangen, daß ihr Bedürfnis, allzeit für ihren Partner dazusein und ihm zu helfen, nicht die einzige Möglichkeit ist, ihre Liebe ihm gegenüber zum Ausdruck zu bringen. Sie kommt möglicherweise sogar zu dem Schluß, daß dieses Verhalten, das sie von sich selbst fordert, weil es ihren Vorstellungen von einer liebenden (Ehe-) Frau entspricht, sie bisweilen stark unter Druck setzt. Ja, vielleicht gesteht sie sich sogar ein, daß sie manchmal das Gefühl hat, in der Partnerschaft zu kurz zu kommen, weil sie, nur auf das Wohlergehen ihres Friedemann bedacht, eigene Bedürfnisse und Interessen zurückstellt. Solche Überlegungen gehen dann unter Umständen mit Erinnerungen an ihre Kindheit und Jugend einher, während der sie auch ausschließlich für andere – nämlich ihre Familie – dachte und fühlte. So könnte die Überzeugung reifen, daß sie unter Partnerschaft eigentlich etwas anderes versteht als diese selbstlose Aufopferung für den Partner.

Friedemann und Clementia wären nicht das erste Paar, dem während eines fair geführten Gespräches solche oder ähnliche »Mißverständnisse« deutlich würden, die beide bisher an einer offeneren und befriedigenderen Partnerschaft hinderten.

4.2.3 Viktor und Viktoria im EPL-Paargespräch

Wie schon bei Friedemann und Clementia wählen wir als Gesprächsbeispiel für unser Hick-Hacker Paar mit ihrer zweiseitigen Dominanz die dritte Paargesprächs-Übung aus der zweiten EPL-Sitzung, in der die Paare zum ersten Mal ein eigenes selbstgewähltes Konfliktthema kommunikationsregelgemäß miteinander besprechen.

Viktor und Viktoria suchen sich als erstes eigenes Problemthema etwas aus, was sie nicht allzusehr, aber immer wieder mal belastet und häufig zu unschönen Streitszenen zwischen den beiden führt. Es geht darum, daß Viktoria nicht so recht verstehen kann, warum Viktor sich so wenig für schöngeistige Dinge erwärmt, wo er doch z. B. über seinen Vater an die tollsten Bücher herankäme. Oder als seine Eltern ihnen letzte Woche die teuren Theaterkarten schenken wollten, habe er dies ziemlich schroff abgelehnt. Diese und ähnliche Situationen machen wiederum Viktoria so wütend, daß sie zugegebenermaßen total überreagiere und lautstark auf ihn einschimpfe.

Als Trainer folge ich dem Gespräch sehr konzentriert, da gerade in dieser ersten Übung mit einem eigenen konflikthaften Thema die Gefahr relativ groß ist, daß beide in ihrer Erregung wieder in alte – sprich: verletzende – Gesprächsmuster zurückfallen. Und schon ist es passiert. Viktor schert als erster aus dem regelgemäßen Gespräch aus und sagt:

»Da bist du einfach zu impulsiv; ich nehme dich deshalb nicht für voll.«

In mir leuchten alle Trainer-Warnlampen rot auf. Die Partnerin nicht für voll nehmen, bedeutet das Ende jeder partnerschaftlichen Beziehung. Die beiden haben bisher einen ganz anderen Eindruck auf mich gemacht. Trotz oder gerade wegen ihrer Spannungen schätzen und mögen sie sich. Viel Zeit habe ich nicht. Einen Moment nur, dann geht das Gespräch frustrierend, verletzend für die beiden weiter, und sie werden sich gegenseitig nicht besser verstehen, sondern sich eher weiter voneinander entfernen. Ich muß also eingreifen, das Gespräch wieder in Bahnen lenken, in denen die beiden positive Erfahrungen miteinander machen können. Mein Eingriff darf nicht als rüde Unterbrechung, als eine Art Bestrafung empfunden werden, sonst verlieren sie vielleicht die Lust am Weitersprechen oder sie stellen sich mir zuliebe brav ohne wirklich von der Übung zu profitieren. Die beste und für einen Kommunikationstrainer einzige Möglichkeit besteht darin, für das Paar informativ und an die Regeln erinnernd einzugreifen.

»Ich breche an dieser Stelle Ihr Gespräch ab und gebe Ihnen eine kurze Rückmeldung darüber, wie es bisher abgelaufen ist.«

Ich betone in kurzen Sätzen, welche Regeln die beiden bisher angewandt haben, hebe ihre Leistung hervor, sich auf ein für sie belastendes Thema so beherzt einzulassen, denn nur so können die beiden am meisten mit- und füreinander lernen. Dafür haben sie wirklich Lob verdient, und ich will es ihnen nicht vorenthalten. Erst im nächsten Schritt gehe ich auf die Formulierung »ich nehme dich nicht für voll« ein, die ich für so kritisch halte. Nicht für voll genommen werden heißt, nicht als Person, nicht als gleichwertig Partner angesehen zu werden. Für den Betroffenen ist das in aller Regel eine tiefe Kränkung. Was aber bedeutet eine solche Äußerung in diesem Fall bei Viktor als Sprecher? Wenn er seine Partnerin liebt und trotzdem diese Formulierung wählt, steckt etwas anderes dahinter. Es muß irgendein Gefühl sein, das Viktor in solchen Situationen zu dieser Äußerung verführt; ein Gefühl, das er verstecken will, weil es ihm unangenehm vorkommt, oder das ihm vieleicht sogar selbst gar nicht so richtig bewußt ist. Mit dieser sehr kurzen Überlegung versuche ich, meine Art des Eingreifens zu gestalten: Jemanden nicht für voll nehmen ist keine Gefühlsäußerung, und genau darauf werde ich den Sprecher aufmerksam machen. Gleichzeitig werde ich ihm – ähnlich dem Souffleur im Theater – eine ganze Palette von Gefühlen soufflieren, in der Hoffnung, daß eines davon seine wirkliche Empfindung trifft und er meine Formulierung wörtlich oder abgewandelt, bis sie genau für ihn stimmig ist, verwenden kann.

»Denken Sie bitte daran, wie wichtig es ist, daß Sie Ihrer Partnerin möglichst genau die Gefühle zu beschreiben versuchen, die Sie in solchen Momenten empfinden. Nur so wird sie Sie besser verstehen können. Je nachdem, wie es für Sie am stimmigsten ist, könnten Sie z. B. sagen: »Ich bin in dieser Situation total verwirrt, hilflos, unsicher, weil ich dich nicht verstehen kann«; oder: »Ich bin ärgerlich, wütend auf dich«; oder: »Solche Situationen machen mir Angst«; oder: »Sie sind mir peinlich.« Nennen Sie Ihrer Partnerin doch die Gefühle und Empfindungen, die in Ihnen vorgingen.«

Sprecher Viktor hat mir aufmerksam zugehört, manchmal fast unmerklich genickt, manchmal deutlich verneinend das Gesicht verzogen. Die ganze Zeit über hat er jedoch seine Partnerin ernst, aber nicht abweisend, angesehen. Er überlegt einige Zeit, bis er sich schließlich äußert.

»Na ja, es stimmt schon, wenn ich mir so eine Situation genau vorstelle, dann fühle ich mich im ersten Moment verwirrt und meine dich nicht zu verstehen. Aber dann merke ich, daß ich auch wütend werde. Ich habe dann das Gefühl, ich muß mich wehren, weil ich sonst auf der Strecke bleibe.«

Viktor wirkt geradezu erlöst, so aus sich herausgehen zu können. Ich bin sehr erleichtert, daß das Gespräch diesen Verlauf nimmt. Viktor wird als Sprecher für die Zuhörerin jetzt spürbar als ein menschliches Gegenüber mit eigenen Sorgen und Nöten. Nur so ist überhaupt partnerschaftliches Verständnis für den anderen möglich. Es fällt mir schwer, Viktor an dieser Stelle kurz zu unterbrechen. Ich tue es trotzdem, weil meine Sorge in dem Moment der Zuhörerin gilt. Schließlich wurde sie gerade mit einigen gewichtigen negativen Gefühlen ihres Partners konfrontiert. Ich halte es für ungünstig, bereits jetzt einen Rollenwechsel einzuleiten, damit die momentane Zuhörerin Viktoria wieder ihrerseits in der Sprecherrolle ihre Gefühle und Bedürfnisse äußern kann. Allerdings erscheint es mir wichtig, daß sie jetzt Gelegenheit bekommt, kurz ihre eigenen Gefühle rückzumelden, eventuell ihrem Partner positive Rückmeldung zu geben und vor allem die Selbstöffnungen des Partners zusammenzufassen, ehe dieser damit weiterfahren kann. Dementsprechend sieht meine Intervention aus:

»Ihr Partner hat gerade einige Gefühle geäußert. Für den weiteren Gesprächsverlauf ist es sehr wichtig, daß Sie diese zusammenfassen. Sie können an dieser Stelle Ihrem Partner auch Ihre eigenen Gefühle rückmelden, die das Gesagte gerade in Ihnen ausgelöst hat. Zusätzlich können sie ihm noch, wenn sie das möchten, positive Rückmeldung für sein Gesprächsverhalten geben.«

Viktoria ist sichtlich bewegt, sie sammelt sich kurz, bevor sie meine Vorschläge aufgreift.

»Ich bin total überrascht, wie es dir in solchen Situationen ergeht, und daß du auch wütend auf mich wirst, trifft mich schon hart. Aber ich find's toll, daß du mir das so offen sagen kannst.«

Ich erinnere noch einmal kurz an die Regel des Zusammenfassens.

»Also ich hab' mitgekriegt, daß du erst einmal ziemlich verwirrt bist, dann aber bald wütend wirst und das Gefühl bekommst, dich wehren zu müssen. Aber das mit dem »auf der Strecke bleiben« versteh' ich nicht ganz. Kannst du mir noch deutlicher erklären, was du damit meinst?«

Die Zuhörerin hat meine drei Interventionsvorschläge, »Rückmeldung der eigenen Gefühle«, »Positive Rückmeldung« und »Zusammenfassen« gut anwenden können und sie noch um eine »Offene Frage« ergänzt. Damit hat sie eine weitere Weiche für einen günstigen Gesprächsverlauf gestellt.

Was aber macht nun die positive Wirkung einer solchen Gesprächssequenz aus?

Bei einem Paar wie Viktor und Viktoria haben beide schon von früh an gelernt, um ihr Recht kämpfen zu müssen. Diese »Lehre« beeinflußt natürlich auch ihren Umgang miteinander. Jeder von beiden fürchtet, wenn er seine Bedürfnisse dem anderen gegenüber nicht mit aller Macht durchsetzt, der Verlierer zu sein.

Auf das obige Gesprächsbeispiel bezogen könnte das bedeuten: Viktor denkt, wenn er sich die »Schwäche« leistet, auf die Argumentation von Viktoria einzugehen, dann wird er nicht bestehen können. Deshalb beschließt er, sie gar nicht erst für voll zu nehmen. Mit dieser massiven »Abwertung« seiner Partnerin steigt er in einen ihrer zahlreichen Paarkämpfe ein, deren Markenzeichen Angriff-Gegenangriff oder Angriff-Rechtfertigung sind. Dieser Stil verletzt natürlich. Nach solchen verbalen Attacken fühlen sich beide schlecht und unglücklich. Doch trauen sie sich in der entsprechenden Situation normalerweise nicht, auch nur einen Millimeter von ihrer gewohnten Kampfstrategie abzuweichen, denn dann könnte ja der andere die Oberhand gewinnen und man selbst der Unterlegene sein.

Im Kommunikationstraining sieht die Situation jedoch anders aus.

Hier wird den Partnern ein geschützter Rahmen geboten. Die Trainerin oder der Trainer sorgen dafür, daß während des Paargespräches keinerlei Verletzungen angebracht werden können. Die beiden machten in den vorausgehenden Rollenspielen die angenehme Erfahrung, daß sie sich nicht mehr sorgfältig voreinander schützen mußten, weil dies Trainerin und Trainer für sie übernahmen. Das hat zur Folge, daß sie sich zum einen weiter mit ihren Gefühlen und Bedürfnissen hervorwagen, zum anderen aber auch, daß sie sich besser auf die Gesprächsregeln konzentrieren und diese folglich auch besser einhalten können. Mit dem immer häufigeren Einsatz der Regeln gehen umgekehrt die Verletzungen immer weiter zurück, so daß die beiden schließlich lernen, daß sie für ein faires Gespräch gar keinen Trainer mehr benötigen, sondern selbst kompetent genug geworden sind, partnerschaftlich miteinander zu sprechen.

In unserem Beispiel könnte Viktor durch die aufnehmende Zuhörerrolle, die Viktoria einnimmt, soweit angeregt und ermutigt werden, einmal ganz ehrlich für sich selbst zu überlegen, was diese »Angst, auf der Strecke zu bleiben« nun eigentlich wirklich für ihn bedeutet. Er könnte zu der Einsicht kommen, daß er mit seinen heftigen Reaktionen nur versucht, sich gegen seinen dominanten Vater zur Wehr zu setzen, um nie wieder in die Gefahr zu kommen, von ihm bevormundet zu werden. Ihm würde dann vielleicht deutlich werden, daß viele seiner Attacken gegen Viktoria gar nicht wirklich ihr gelten. Wenn er es dann noch schafft, diese Einsichten seiner Viktoria mitzuteilen, dann würde diese höchstwahrscheinlich viele Parallelen zu ihrem eigenen Verhalten entdecken. Sie würde daran denken, wie schwer es auch für sie war, sich durchzusetzen und ihren eigenen Weg zu gehen. Sie würde vielleicht erkennen, daß ihr Aufbrausen oft durch Neid auf Viktors gebildetes Elternhaus bedingt ist. Und je ausführlicher und regelgerechter die beiden sich darüber austauschen, desto mehr Verständnis werden sie für ihr eigenes Verhalten und das des anderen gewinnen. Und dieses gegenseitige Verständnis ist eine wichtige Voraussetzung für einen befriedigenderen Umgang miteinander.

Trotz aller Spekulationen, frommen Wünschen und auch Hoffnungen von uns EPL-Trainern, was die Paare in ihren Gesprächen alles von sich selbst und voneinander erfahren können, sollen, dürfen: Wir überlassen das getrost den Paaren selbst, in dem Wissen, daß die meisten diese Chance des partnerschaftlichen Gesprächs für sich zu nützen verstehen.

4.3 Möglichkeiten und Grenzen des EPL

Unsere drei Beispielpaare sind zwar frei erfunden, allerdings haben wir zahlreiche Erfahrungen, die wir seit mehr als sechs Jahren mit »echten« EPL-Paaren sammelten, in diese sechs Personen und ihre »typischen« Partnerschaftsstärken und -schwächen einfließen lassen. Und mindestens eines haben diese drei sonst so unterschiedlichen Paare gemeinsam: Ihre Beziehung wird trotz aller Schwierigkeiten, Meinungsverschiedenheiten und Unterschiedlichkeiten der Personen getragen von gegenseitiger Sympathie und Respekt voreinander.

Wir sehen dies als eine Grundvoraussetzung für Paare an, die einen EPL-Kurs besuchen und von diesem für ihre Partnerschaft profitieren wollen. Nur wenn dies gegeben ist, werden beide Partner auch die nötige (Beziehungs-)Arbeit investieren und sich auf die zahlreichen Gesprächsübungen einlassen. Denn partnerschaftliche Gespräche nach allen Regeln der Kunst zu führen, kann zuweilen ganz schön in Arbeit ausarten. Eine Arbeit allerdings, die die Mühe wert ist. Bietet sie doch die beste Chance, sich und den Partner besser kennenzulernen, mehr Verständnis und Toleranz bestimmten Verhaltensweisen der anderen gegenüber zu entwickeln, Mißverständnisse von Anfang an zu verhindern oder zumindest im nachhinein auszuräumen und so Mißtrauen ab- und Vertrauen aufzubauen.

Doch gilt auch hier die Devise: Einmal ist keinmal. In den EPL-Kursen haben Gesprächsübungen zwar absoluten Vorrang. Dennoch kann diese Übungszeit niemals ausreichen, alle für die eigene Partnerschaft wichtigen Themen zu Ende zu besprechen. Und selbst wenn dem so wäre: Partnerschaften sind nichts Statisches, nichts Unveränderbares. Im Gegenteil: Lebendige Partnerschaften brauchen die Veränderung. Dementsprechend verändern sich auch die vordringlichen Themen und Probleme einer Beziehung. Das allerdings bedeutet, daß faire offene Gespräche über alle diese die Beziehung betreffenden Inhalte eine »beziehungslange« Aufgabe für beide Partner sind und bleiben. Das heißt, daß die Paargespräche während eines EPL-Kurses, so intensiv und erlebnisreich sie normalerweise auch ablaufen, nur ein Anstoß zum Einüben der Regeln und eine gute Möglichkeit für das Sammeln erster positiver Erfahrungen darstellen. Die nächste Aufgabe der beiden Partner besteht darin, die Gesprächsregeln, die sie als wirkungsvoll und positiv erlebt haben, auch bei sich zu Hause anzuwenden, ihnen eine Chance gegenüber den altgewohnten Kommunikationsfehlern einzuräumen und zumindest bei wichtigen Themen auch wirklich anzuwenden.

Dabei ist es ganz entscheidend, mit diesen Gesprächen nicht so lange zu warten, bis sich ein ganzer Berg von wichtigen Themen und Problemen angehäuft hat, so hoch, daß die beiden ihn beim besten Willen nicht mehr übersehen, geschweige denn wegschieben können. Diesen klärenden und problemlösenden Gesprächen sollte eine fest vereinbarte Zeit, am besten einmal wöchentlich, reserviert werden. Es muß dabei nicht jedesmal ein gewichtiges Problem gelöst werden. Die Hauptsache ist, daß die Beziehung der beiden »im Gespräch bleibt«, »damit Liebe nicht auf der Zunge vergeht«.

Erst die »Regelmäßigkeit« solcher »regelgemäßer« Gespräche vermittelt die nötige Vertrautheit zwischen den Partnern, die eine Voraussetzung für Zufriedenheit in der Beziehung darstellt.

Anhang

Adresse der Autoren:

Dr. Joachim Engl, Dr. Franz Thurmaier
Institut für Forschung und Ausbildung
in Kommunikationstherapie e.V.
Rückertstr. 9
80336 München

EPL-Adressen

Im folgenden haben wir für Sie eine Adressenliste von einigen EPL-Ansprechpartnern zusammengestellt. Von den bisher ca. sechshundert ausgebildeten TrainerInnen werden EPL-Kurse an so vielen u.v.a. auch an wechselnden Orten durchgeführt, daß die nachfolgende Liste keinen Anspruch auf Vollständigkeit erheben kann. Wenn Sie Ihre Region darin nicht wiederfinden sollten, wenden Sie sich bitte an Ihr jeweiliges Seelsorgereferat.

Arbeitsgemeinschaft für Katholische Familienbildung (AKF), Hubert Heeg, Adenauerallee 134, 53113 *Bonn* (Diözesanübergreifende Information und aktuelle Adressenübersicht)

Referat Familienarbeit, Conrad Siegers, Klosterplatz 7, 52003 *Aachen*

Diözesan-Erwachsenenbildungswerk, Roland Baierl, Jakobsplatz 9, 96049 *Bamberg*

Referat Ehe und Familie, Ute Eberl, Wundstr. 40-50, 14057 *Berlin*

Ordinariat Berlin, Christine Kania, Hinter der katholischen Kirche 3, O-10117 *Berlin*

Katholisches Bildungswerk, Frau Uta Raabe, Westendallee 54, 14052 *Berlin*

Referat Ehe und Familie, Herrn Alfons Gierse (DVO), Geschwister-Scholl-Str. 15, 49661 *Cloppenburg*

Referat Ehe und Familie, Dr. Peter Ulrich, Luitpoldstr. 2, 85072 *Eichstätt*

Erzbischöfliches Seelsorgeamt, Abteilung Familienseelsorge und -arbeit, Rudolf Mazzola, Okenstr. 15, 79108 *Freiburg*

Projekt: Junge Paare in Großstadt und Kirche, Jochen Piontek, Goethestr. 33, 30169 *Hannover* (Diözese Hildesheim)

Referat Ehe und Familie, Rupert Butterbrodt, Domhof 18-21, 31134 *Hildesheim*

Referat Ehe und Familie, Mechthild Grewelding, Marzellenstr. 32, 50668 *Köln*

Referat Ehe und Familie, Michael Cleven, Roßmarkt 12, 67117 *Limburg*

Bildungswerk der Diözese Mainz, Inge Rupprecht, Erbacher Hof, Grebenstr., 55116 *Mainz*

Seelsorgereferat, Fachbereich Ehevorbereitung/Junge Familien, Agnes Passauer, Rochusstr. 5-7, 80333 *München*

Landeskirchenamt der Evangelisch-Lutherischen Kirche in Bayern, Volker Herbert, Meiserstr. 11, 80333 *München*

Gruppe Familienseelsorge, Eva Polednitschek-Kowallick, Rosenstr. 16, 48143 *Münster*

Referat Familienseelsorge, Rainer Kivitz, Domhof 12, 49003 *Osnabrück*

Bildungsstätte St. Bonifacius, Heinrich Hupe, 59955 *Winterberg-Elkeringhausen* (Diözese Paderborn)

Referat für Ehe und Familie, Christian Domes, Domplatz 3, 94032 *Passau*

Evangelisch-Lutherische Kirche in Bayern, Herrn Eike Dölscher, Banater Str. 10, 91257 *Pegnitz*

Referat Ehe und Familie, Herrn Richard Gabler, Obermünsterplatz 7, 93047 *Regensburg*

Diözesanstelle Ehe und Familie, Mechthild Alber, Jahnstr. 30, 70597 *Stuttgart* (Diözese Rottenburg)

Abteilung Ehe und Familie, Dr. Alois Moos, Webergasse 11, 67346 *Speyer*

Regionalstelle Ehe und Familie, Herrn Peter Scherer, St. Ulrichsiedlung 10, 86391 *Stadtbergen*

Referat Ehe und Familie, Michael Rustemeyer, Hinter dem Dom 6, 54290 *Trier*

Bildungsstätte St. Bonifatius; Herrn Norbert Kremser, Bonifatiusweg 1-5, 59955 *Winterberg*

Familienbund der deutschen Katholiken, Artur Eisenacher, Kürschnerhof 2, 97070 *Würzburg*

Centre de Pastorale Familiale, Jean Paul Conrad, 3, place du Theatre, L-2613 *Luxemburg*

Katholisches Familienwerk Österreichs, Spiegelgasse 3, A-1010 *Wien* 1

Familienreferat d. Diözese Innsbruck, Brunhilde Steger, Riedgasse 9, A-6021 *Innsbruck*

Haus der Familie, Dr. Silvia Moser, I-39059 *Oberbozen/ Lichtenstern*

Arbeitsstelle Partnerschaft – Ehe – Familie, Madeleine Winterhalter-Häuptle, Frongartenstr. 11, CH-9000 *St. Gallen*

Weitere wichtige Adressen für Partnerschaftsfragen

Die EPL-Kurse haben das Ziel, Paare vorbereitend zu einer konfliktkompetenten Kommunikation zu befähigen, so daß sie sich vor zerstörerischem Streit und destruktiven Auseinandersetzungen besser schützen können. Doch sind viele Paare bereits in einer Situation, wo es darum geht, zerschlagenes Porzellan wieder zu kitten und aus den Kreislauf sich ständig aufschaukelnder beziehungsstörender Verhaltensweisen wieder herauszufinden. Dazu brauchen sie fachliche Hilfe, die von vielen Beratungsstellen angeboten wird. Kommunen, Kirchen und sonstige Träger haben ein dichtes Netz psychosozialer Dienste geknüpft, so daß in jeder Stadt eine oder mehrere Beratungsstellen zu finden sind, an denen die Betroffenen kompetente, fachliche Partnerschaftsberatung erhalten.

Im folgenden haben wir für Sie die Adressen der in Frage kommenden Träger zusammengestellt, an die Sie sich wenden können, falls Sie an Ihrem Ort keine befriedigende Versorgung finden konnten.

Arbeiterwohlfahrt Bundesverband e.V., Oppelner Straße 130, 53119 *Bonn*, tel: 0228/66850

Bundeskonferenz für Erziehungsberatung e.V., Geschäftsstelle, Amalienstraße 6, 90763 *Fürth*, tel: 0911/97714-0

Deutsche Arbeitsgemeinschaft für Jugend- und Eheberatung (DAJEB), Bundesgeschäftsstelle, Neumarkter Straße 84c, 81673 *München*, tel: 089/4361091

Deutsche Hauptstelle gegen die Suchtgefahren (DHS), Postfach 1369, 59003 *Hamm*, tel: 02381/9015-0

Deutscher Caritasverband e.V., Karlstraße 40, Postfach 420, 79104 *Freiburg*, tel: 0761/200-0

Deutscher Kinderschutzbund e.V., Schiffgraben 29, 30159 *Hannover*, tel: 0511/329135

Diakonisches Werk der Evangelischen Kirche in Deutschland e.V., Stafflenbergstraße 76, 70184 *Stuttgart*, tel: 0711/2159-0

Evangelische Konferenz für Familien- und Lebensberatung e.V., Kurfürstenstraße 49, 12105 *Berlin*, tel: 030/7055884

IAF - Verband bi-nationaler Familien und Partnerschaften, Kasseler Straße 1a, 60486 *Frankfurt/Main*, tel: 069/70750-87/-88/-89

Katholische Bundesarbeitsgemeinschaft für Ehe-, Familien- und Lebensberatung e.V., Kaiserstraße 163, 53113 *Bonn*, tel: 0228/1031

Pro Familia, Bundesverband, Stresemannallee 3, 60596 *Frankfurt*, tel: 069/639002

Für Österreich: Katholisches Familienwerk Österreichs, Spiegelgasse 3, A-1010 *Wien*

Für die Schweiz: Pro Familia Schweiz, Laupenstraße 45, CH-3001 *Bern*, tel: 004131/259030

Literatur

Engl. J. (1997): Determinanten der Ehequalität und Ehestabilität. Eine fünfjährige Längsschnittstudie an heiratswilligen und jungverheirateten Paaren. München, Institut für Forschung und Ausbildung in Kommunikationstherapie.

Hahlweg, K.: Partnerschaftliche Interaktion. Empirische Untersuchungen zur Analyse und Modifikation von Beziehungsstörungen. München, Röttger, 1986.

Hahlweg, K., Schindler, L., Revenstorf, D.: Partnerschaftsprobleme: Diagnose und Therapie. Heidelberg, Springer, 1982.

Hahlweg K., Thurmaier, F., Engl, J., Eckert, V. & Markman, H. J. (1998): Prävention von Beziehungsstörungen in der Bundesrepublik Deutschland. Prävention von Trennung und Scheidung – Internationale Ansätze zur Prädiktion und Prävention von Beziehungsstörungen. In: Schriftenreihe des Bundesministeriums für Familie, Senioren, Frauen und Jugend (Hrsg.), Band 151. (S. 191-216). Stuttgart: Kohlhammer.

Markman, H. J., Floyd, F. J., Stanley, S. R., Scott, M., Lewis, H. C.: Prävention, in Hahlweg, K., Brengelmann, J. (eds): Neuere Entwicklungen der Verhaltenstherapie bei Kindern, Ehepaaren und Familien. München, Röttger, 1987.

Moeller, M. L.: Die Wahrheit beginnt zu zweit. Das Paar im Gespräch. Reinbek, Rowohlt,1988.

Schindler, L., Hahlweg, K., Revenstorf, D.: Partnerschaftsprobleme: Möglichkeiten zur Bewältigung. Heidelberg, Springer, 1980.

Schulz von Thun, F.: Miteinander reden. Band 1. Störungen und Klärungen. Reinbek, Rowohlt, 1990.

Schulz von Thun, F.: Miteinander reden. Band 2. Stile,

Werte und Persönlichkeitsentwicklung. Reinbek, Rowohlt, 1990.

Stadter, E. A.: Wenn Du wüßtest, was ich fühle. Einführung in Beziehungstherapie. Freiburg, Herder, 1992.

Tannen, D.: Du kannst mich einfach nicht verstehen. Warum Männer und Frauen aneinander vorbeireden. Hamburg, Kabel, 1991.

Thomann, C., Schulz von Thun, F.: Klärungshilfe. Handbuch für Therapeuten, Gesprächshelfer und Moderatoren in schwierigen Gesprächen. Reinbek, Rowohlt, 1988.

Thurmaier, F., Engl, J., Eckert, V., Hahlweg, K.: Forschungsbericht Ehevorbereitung – Ein partnerschaftliches Lernprogramm: EPL. München, Ehrenwirth, 1993

Thurmaier, F. (1997): Ehevorbereitung – ein Partnerschaftliches Lernprogramm (EPL). Methodik, Inhalte und Effektivität eines präventiven Paarkommunikationstrainings. München, Institut für Forschung und Ausbildung in Kommunikationstherapie.

Watzlawick, P., Beaven, J. H., Jackson, D. D.: Menschliche Kommunikation. Bern, Hans Huber, 1969.

Weng, G., Revenstorf, D.: Psychologische Ehevorbereitung – Eine Sichtung vorhandener Programme, in: Hahlweg, K., Brengelmann, J. (eds): Neuere Entwicklungen der Verhaltenstherapie bei Kindern,Ehepaaren und Familien. München, Röttger, 1987.

Leben in Beziehungen

Hans Jellouschek
Wie Partnerschaft gelingt – Spielregeln der Liebe
Beziehungskrisen sind Entwicklungschancen
160 Seiten, Klappenbroschur
ISBN 3-451-26660-1
Über die Kunst als Paar zu leben und miteindander glücklich zu werden.

Erich H. Witte/Helga Wallschlag
Die fünf Säulen der Liebe
Wie Paare glücklich bleiben
Band 5517
Glück zu zweit, und das auf Dauer – die Autoren haben langjährige Paare befragt und zeigen, was man tun kann, um das Glück stabil zu halten.

Nicole Fabisch/Gerhard Zarbock
Treue ohne Reue
Die neue Lust am Leben zu zweit
Band 5512
Die Autoren machen Mut zu einer neuen Mentalität: Treue in Freundschaften, Partnerschaften und auch sich selbst gegenüber. Ein Buch für Paare und für die, die auf der Suche nach ihrem Traumpartner sind.

Lukas Richterich
Glücklich – auch nach sieben Jahren
Das Geheimnis einer guten Partnerschaft
Band 5066
Dass die Liebe bleibt, wenn die erste Verliebtheit vorüber ist: Das praktische Buch für Paare, die es auch nach vielen Jahren noch ernst miteinander meinen.

Gabriele Kreppold-Gröger/Josef Kreppold
Der Weg zu zweit
Liebe ohne Selbstaufgabe
Band 4969
Auf Dauer kommt es darauf an, die Beziehung gut zu pflegen. Die Autoren zeigen, wo Fallen liegen, wie man sie erkennt, umgeht oder produktiv nutzt.

Rosmarie Welter-Enderlin
Deine Liebe ist nicht meine Liebe
Partnerprobleme und Lösungsmodelle aus systemischer Sicht
Band 4836

Die bekannte Paar- und Familientherapeutin zeigt, dass Krisen in der Partnerschaft auch Chancen sein können.

Wolf Jordan
Aus Eifersucht kann Liebe werden
Wie Partner zu neuem Vertrauen finden
Mit einem Vorwort von Hans Jellouschek
Band 4776

Warum ist jemand eifersüchtig? Und wie kann sich ein Paar aus dieser Verstrickung befreien? Wolf Jordan zeigt Wege, die zu neuem partnerschaftlichen Vertrauen führen.

Marion Weber/Richard Lawall
Glücksfall Liebe
Was Paare zusammenhält
Band 4613

Ein anschaulicher, konkreter Ratgeber, der aufzeigt, wie eine Partnerschaft dauerhaft gelingt.

Michael Vincent Miller
Wenn die Liebe Angst macht
Liebesterror und wie man ihm entgeht
Band 4612

Miller beschreibt, wie die Wege hin zu einer glücklichen Liebe und Partnerschaft aussehen, wie es gelingen kann, sich aus dem Teufelskreis von angstauslösendem Machtstreben zu befreien.

Rüdiger Rogoll
Nimm mich, wie ich bin
Lieben und Lassen in der Partnerschaft
Band 4102

Rüdiger Rogoll entwirrt die komplizierten Regeln von Psychospielen in der engen Beziehung zwischen Menschen.

Bücher, die neue Wege erschließen

Verena Kast
Sich wandeln und sich neu entdecken
Band 4905

Leben heißt: wachsen und sich neu entwickeln. Ein Aufbruch zu neuer Lebens-leidenschaft.

Verena Kast
Sich einlassen und loslassen
Neue Lebensmöglichkeiten bei Trauer und Trennung
Band 4888

Den Blick nach vorn richten, eine neue Lebens-Leidenschaft entwickeln: Das sind Chancen, die das Leben auch im Loslassen reicher machen.

Verena Kast
Vom Sinn der Angst
Wie Ängste sich festsetzten und wie sie sich verwandeln lassen
Band 5525

Mit tiefenpsychologischem Scharfblick analysiert Verena Kast die Dynamik, die Angst zum lebensbestimmenden Element macht. Ein grundlegendes, gut zu lesendes Werk zur Thematik Angst.

Karl Heinz Brodbeck
Mut zur eigenen Kreativität
Wie wir werden, was wir sein können
Band 4804

Die inspirierende Kraft der Achtsamkeit bewusst einsetzen. Ein faszinierender Weg zu Vielfalt, Spontaneität und Neuem in unserem Leben.

Werner Rautenberg/Rüdiger Rogoll
Werde, der du werden kannst
Persönlichkeitsentfaltung durch Transaktionsanalyse
Band 4062

Dieses Buch hilft, die eigene Lebensgeschichte zu entziffern und alle Möglichkeiten zur persönlichen Entfaltung zu nutzen.

HERDER spektrum

Günter Harnisch
Das große Traumlexikon
Band 4981

Eine ausführliche Einleitung in den sinnvollen Umgang mit Träumen mit mehr als 1500 Artikeln.

Wilhelm Freund
Jeder Traum hat seinen Sinn
Logotherapeutisches Traumverstehen
Band 4635

Träume weisen auch nach vorne: In ihnen kann sich die Lösung eines Problems zeigen oder ausweglos scheinende Umstände können neu erhellt werden. Ein unverzichtbares Traumbuch für alle, die dem Sinn ihres Lebens auf der Spur sind.

Ingrid Riedel
Lebensträume – Lebensräume
Stufen inneren Wachstums
Band 4903

Träume eröffnen oft Lösungsperspektiven. Wie dies gelingen kann, zeigt Ingrid Riedel in ihrem neuen Buch. Es wird möglich, neue Räume zu entdecken, sowohl in der eigenen Seele, als auch in der äußeren Wirklichkeit.

Eckhart H. Müller
Ausgebrannt – Wege aus der Burnout-Krise
Band 4996

Wie sehen die ersten Anzeichen des Burnout aus? Was kann man tun, um eine echte Krise wirksam zu verhindern?

Genevieve Davis Ginburg
Trauer, Schuld und Zorn
Weiterleben nach dem Tod des Partners
Band 5042

Es gibt ein erfülltes Leben danach. Ein Ratgeber, der keine Tabus kennt und neue Wege zu einem erfüllteren Leben nach dem Tod des Partners aufzeigt.